U0020833

加爾默羅靈修

凡尋求天主，深感除天主外，
心靈無法尋獲安息和滿足的人，
會被吸引，進入加爾默羅曠野。

星火文化

聖女大德蘭的靈修學校

St. Teresa of Jesus

賈培爾神父 Fr. Gabriel of St. Mary Magdalen OCD 著
加爾默羅聖衣會 譯

CONTENTS

CONTENTS

CONTENTS

推薦序一

追隨聖人的榜樣，走信德的旅程

王愈榮主教

信德年已經結束，在台灣的天主教會於二〇一三年十一月廿三日舉行閉幕典禮，主教、神父、修女及教友同聲公開隆重地宣示我們的信仰，以「主，我信！」為主題。

信德年閉幕，但我們的信仰不可「閉幕」，我們還要天天宣示我們的信仰，不斷回應天主愛的召叫，對天主啟示的道理表示衷心順服，每天依天主的旨意走「信德的旅程」。在此旅途中，需要追隨聖人們的榜樣，依他們的靈修方法，在聖神內，經由基督，走向天父。

這幾年來，為了準備慶祝聖女大德蘭五百週年誕辰，台灣的加爾默羅隱修院修女，出版了聖女大德蘭的鉅著。今年本篤會黃克鑣神父也出版了他編著的《基督宗教靈修學史》，為台灣及華人地區的教友與修道人，提供了在靈修生活的進修上非常有力的幫助。平信徒中也有許多兄弟姊妹對靈修有極大的興趣，追求成聖的方法，走信德的道路。

聖女大德蘭的作品，思想深刻，理論精闢，為一般讀者不容易閱讀，而她的神祕經驗，使人猶如走入她神祕城堡的迷宮中摸索。有鑑於此，本書作者賈培爾神父以「耶穌的德蘭」為題，詮譯聖女大德蘭的著作，使我們對大德蘭的鉅著有一種概括性的認識，有助於我們默默細讀聖師大德蘭的「天上教誨」。聖女大德蘭的筆法，一如本書作者所說：「急速落筆，有時缺乏確定的章法。」「經常離題旁論，如同散布的貴重珍珠。」我自己在西班牙住過七年，常去聖女出生的地區——卡斯提亞（Castilla）的鄉村，可以體驗到當地公教[1]婦女的性格——就是堅毅的態度，開朗的性格，與人推心置腹的交談。聖女就是這樣在書中侃侃而談，自然流露，如拉丁文所說「ex abundantia cordis」（出自豐沛的心聲）。

本書作者賈培爾神父把大德蘭的《自傳》、《全德之路》、《靈心城堡》作了清楚的詮釋，也把聖女對「默觀」和「成全」的陳述作了清楚的說明。最後，作者用相當的篇幅談了「耶穌的德蘭」，為我們介紹大德蘭與主親密的經驗，教我們在靈修生活

1. 天主教會拉丁文寫作*Ecclesia Catholica*，意為「大公教會」，簡稱公教。

中，更深入與主親近建立起密切的關係。

我們感謝賈培爾神父的這本書，也感謝芎林聖衣會隱修院的修女把這本書譯成中文出版，造福喜愛聖師大德蘭靈修的人。修女要我為這本書寫幾句話，我樂意為之，是為序。

本文作者：王愈榮主教，一九三一年出生於上海，一九五五年被祝聖為司鐸，一九七五年被祝聖為主教，台中教區榮休主教、衛道高級中學董事長。二〇一八年一月十八日蒙主恩召。

＊本文係二〇一四年初版時王主教應譯者修女之邀撰寫。二版時兩位皆已息勞歸主。

推薦序二

英豪勇毅的靈修導師——亞味拉的聖女耶穌德蘭

谷寒松神父

前言

以歡喜虔敬的心，讀完這本《聖女大德蘭的靈修學校》，心中洋溢著深深的感動。本書以平實的筆觸，詳實介紹聖女大德蘭的心靈思維、靈修理念，並概括性的向讀者陳述大德蘭的著作：《自傳》（*Autobiography*, 1567）、《全德之路》（*Camino de Perfección*, 1566–1567）、《天主之愛的靈思》（*Concepto del Amor de Dios*）、《建院記》（*Las Fundaciones*）、《靈心城堡》（*Castillo Interior*, 1577）。對一個想在靈修的道路上，逐步精進的人，這可說是一本相當有份量的靈修指引書籍。

叛逆少女如何成聖？

聖女德蘭年輕的時候，如同其他同年紀的少女一般，喜好華服、閒談與叛逆，而後聖女的父親將她送到一座隱修院，使得她對天主的愛與日俱增。當聖女年紀漸長，必須面對婚姻與修道生活的抉擇時，她毅然地選擇了修道生活。當聖女耶穌德蘭四十七歲時，奉神師之命撰寫《自傳》，當中她毫無保留地陳述：將自己交付於天主的「隱修院的修道生活」。

聖女的一生除了自身修德成聖、默觀天主之外，還致力於革新修會制度，協助修會修女善度祈禱生活，過著甘願貧窮、單純靜篤的修道生活，建立一個以默觀為基礎的新會院，這項工作是艱難而困苦的。然而，聖女因著對天主的完全信賴，沉著地邁向改革之路。就因為聖女卓越與英豪的靈修精神，聖女的《全德之路》誕生了。《全德之路》是聖女德蘭指導人的靈魂清除與主結合的障礙，慷慨答覆天主的召喚，使靈魂到達與天主親密友誼的「克修」（asceticism）之路。

《天主之愛的靈思》是聖女德蘭沉思聖經《雅歌》中的神祕字句時，所寫下的神祕經驗。後來她的告解神師命她燒掉此書，還好修會的姊妹們已抄寫了幾頁，才得以保留部分的完稿。

在聖女五十一歲時，她認為該是擴大革新修會的時刻了。於是她四處奔波，只為了創建更多具有革新精神的隱修院。困難重重是可想而知的，聖女以正面的態度來看待這些困難。很快地，有許多人要來申請加入這革新的會院；越來越多的人願意思考聖女說過的話，向她學習祈禱。在短短的時間內，聖女關於祈禱的想法不但席捲了西班牙，更影響了整個歐洲。

聖女耶穌德蘭依據此豐富的經驗，從六十二歲開始寫下了不朽的靈修巨著《靈心城堡》（舊譯《七寶樓台》），此時她的靈修已到達神祕、圓滿、成熟的境地。聖女德蘭以默觀、收心、寧靜的祈禱，引導靈魂到達靈修最高的「合路」門檻。

一種勇敢的革命

耶穌德蘭一六一四年四月廿四日被天主教會列為真福，一六二二年三月十二日敕封為聖人；一九七〇年九月廿七日，教宗保祿六世（Paul VI, 1963–1978）敕封聖女耶穌德蘭為教會聖師（那時敝人在場，深深的受到感動），她遂成了教會第一位女聖師。

被教會封為聖師有三個基本條件：（1）聖德超群出眾；（2）有卓越的道理；（3）由教宗或大公會議正式宣布為聖師。聖女德蘭因其著作、德行及生活的芳表，日益綻放光彩。著名的神修學家毫不猶豫地稱她為神祕學的聖師。她的教訓有著永恆不變的價值，有關她革新修道生活的理念，亦因著時代的遞延而永遠常新，被公認為可靠的權威。

在今日世界，人們崇拜科技、偶像，對於「神」、「信仰」的意識逐漸改變，聖女大德蘭的道理與生活表樣，可喚醒人們對天主／上帝／神臨在於此世界的信仰。聖女德蘭是一個克己苦修、積極工作、勞苦奔波的女人，她以實際的行動來表達祈禱的真實。她在西班牙境內到處奔波，將改革修會的工作傳播到很多地方，堅強勇毅地恢復了加爾默羅聖衣會嚴格的會規，要大家更真實地實行福音的貧窮。度福音所強調的生活方式就是一種勇敢的革命。

結語

很高興台灣加爾默羅聖衣會的修女翻譯此書，介紹加爾默羅聖衣會會母大德蘭的生平、著作，並將著作詳細地摘要、解釋，讓我們，包括基督新教的弟兄姊妹們，能更確實地認識聖女耶穌德蘭。

於二〇一三年十一月十二日冬序

谷寒松神父

本文作者：谷寒松神父，奧地利籍耶穌會士，羅馬宗座額我略大學神學博士，長期關懷痲瘋病人及社會正義，是中國痲瘋服務協會創立人，曾任新事社會服務中心主任委員，現任輔仁聖博敏神學院專任教授，也負責神學編譯會，對台灣教會、社會及神學培育貢獻良多。

推薦序三

捨棄自我之心理動態觀

張達人醫師

本書描繪的大德蘭靈修，首在大德蘭不斷強調，希望加爾默羅會的隱修院修女，要盡一切努力，追求與天主「結合」，真正經驗天主與我內在生命的契合，可見大德蘭多麼渴望會院姐妹們能與其共同分享，這份在人世間即能擁有的天主的恩寵與喜樂。而這與天主合一的旅程，就是學習默觀的過程。

要培養默觀的祈禱，大德蘭最著重的是捨棄自我，死於自我，如此才能讓天主的生命進入人的靈魂中。但捨棄自我的涵義為何？我們都瞭解，在生理上自我棄絕，就是節制自己尋求肉體感官上的滿足，甚至嚴格的自我限制，如古代沙漠教父般的作為。但在心理上的捨棄自我，尤其人際上的放下或死於自我是怎樣的作法？它和生理上節制有何不同？關於生理上的捨棄自我，我們可以避開使我陷於誘惑的外物，但人際心理上的捨棄自我，是避開或壓抑對他人的情緒就能死於自我嗎？或是愈壓抑情緒反而愈難放下自我？

精神分析之父——佛洛伊德（Sigmund Freud）認為，人的心理結構有意識與潛意識，當人面對外界刺激產生心理或情緒上的痛，若無法消化，則其會從意識壓抑到潛意識，例如早期與父母以及往後在學校、社會上與他人的關係。在闡明人際互動上壓抑情緒的過程前，我們先談談何謂「情緒」？情緒覺察又是怎樣的經驗？

情緒有如皮膚毛細孔，可察覺外界刺激給予的任何體感，這些體感傳到大腦後，才能綜合出對外界感受；情緒亦有如眼睛瞳孔，任何外界形象，透過瞳孔進入眼底，傳導至後腦部才能形成影像。因此有如毛細孔或瞳孔功能的情緒，感覺外界最初傳來的任何訊息，經大腦完整消化後才能賦予這些感覺意義；但當初傳送的原始情緒，若尚未經大腦完全接收後就立即理智判斷，則會失去原先完整的味道，而影響對外界現實的瞭解。因此情緒無所謂好壞，它只是如毛細孔或瞳孔般，真實反應人心理赤裸裸的感覺；而情緒的覺察就是不讓其被理智壓抑至潛意識，卻能被完整的意識到。

別美其名為「放下」

關於在人際心理上捨棄自我，大家習於認為，「我沒去想」就是棄絕，其實這種便宜行事的壓抑，是逃避的作法，只是常美其名為「放下」自我，但天主很清楚其中的道理。聖十字若望主張：除非經過「黑夜」的歷練，是無法經驗與天主的結合，也就無法進入「默觀」的祈禱。若避免壓抑心理的情緒，那要如何面對與處理被激起的情緒呢？大德蘭說的很好：「在默觀前的自我準備中，最重要是謙虛」。謙虛的面對自己的情緒或感覺，就是尊重與包容內心被外界激起的情緒，讓其「原貌」懸浮於心中，不輕易的判斷或否認它，就如聖母瑪利亞獲悉其要未婚受孕的困惑心情，堅忍的等待。這種將激起的情緒懸浮於心中，而不以「自我」中心的妄加判斷或魯莽處理，就是「捨棄、放下」自我，其需要相當大的勇氣與毅力。覺察就是富有勇氣的接收與認識這些不知（unknown）的感覺或情緒，避免在不自覺中壓抑到已無法意識的潛意識中。這過程要忍耐多久？有何意義？天主如何看待？如此煎熬等待就是「十字架上的黑夜」？

但天主的奧祕就在這其中逐漸展開，當人在黑夜中受苦，愈謙下承認自己的無力與無能，去忍受「自我中心的催迫」，並深切渴望天主能賦予力量時，天主的恩寵將會於隱晦中降臨。祂有神祕的色彩，因其不是外顯的特異經驗；祂是謙遜的，有如春天呢喃的安謐。這種神飄然於心中的體會，令當事者深刻體驗到天主的愛，且強烈認識祂是被給予的，就如大德蘭要我們好好準備自己：恩寵是強求不來的，反而愈是強求，愈是自我作祟，天主愈不會來敲門，好似弔詭（paradox）的現象。所以我們就是將自己準備好；天主沒來，不是祂不願意，可能是我們還沒準備好，或是天主還希望我們再受些考驗……，如此的信念，才能進入與天主關係的良性循環，默觀的祈禱也才能更加的深入。

無論生理上或心理上的死於自我，等待天主生命的灌入，這段經由十字架上的黑夜而臣服於天主全能的歷程，是種「超越的」（Transcendent）過程，它需要勇氣與堅忍。總之，我們面對人際所激起的心理情緒反應，如何溫柔且開放的接受它，雖然它必定是難忍的；我們怎樣常懷著如聖母般的心情，勿「自我中心」的妄加判斷，且謙虛等待，同時願意多聽聽別人或專家、神師的意見，終有一天必定且絕對會在你不經意的時候，天主將碰觸你那渴望的心，讓你終生難以忘懷，這時再多的解釋或闡明默觀祈禱似乎都是多餘的！

本文作者：張達人醫師，畢業於高雄醫學院（今高雄醫學大學），取得美國約翰霍普金斯大學衛生政策與管理學碩士，專長為憂鬱症治療、個人及團體心理治療。曾任衛生署玉里醫院院長、衛生署草屯療養院院長、財團法人天主教康泰醫療教育基金會董事長、天主教仁慈醫療財團法人執行長。現任天主教仁慈醫院院長。

推薦序四

一本書，串起大德蘭靈修的珍珠

林金月老師

對於懷抱崇高圓滿基督徒理想的聖女大德蘭，在拜讀了她的幾部著作後，我是真心信服。而讀完賈培爾神父《聖女大德蘭的靈修學校》中譯本後，對於神父透徹分析地講解德蘭靈修，更是讓我豁然開朗。若大德蘭所思所言是散落一地的珍珠，那麼賈培爾神父就是撿拾、貫串、編排並加以宣傳發揚的、真正識貨的珠寶商。

全書有五章，如串珠編貝般條理分明，首章是〈完美的全德是大德蘭一生的理想〉，當我看到這標題，不禁會心一笑，因為賈培爾神父真正道出我的想法，從大德蘭《自傳》、《全德之路》到《靈心城堡》或其他小品，一路讀來，大德蘭以忠信、寬大、慷慨的心懷侍奉上主，激勵你我，始終如一。相較於中國傳統文化強調「天地君親師」的尊崇地位，並形成一種歷史悠久的道德規範，大德蘭對上主的滿心渴望與完全自我交付，豪邁、大氣、純粹，毫不遜色，反倒使我們這些領了洗卻還喜與上主討價還價，與神父、乃至教友、親人斤斤計較的平信徒，羞愧不已，這才發現，原來基督徒生活可以向上發展到這樣精純發光的境界。

在《全德之路》中，她清楚指出「想成為天主密友的好修道者，他的一生就是長期的殉道。」這是多麼英豪的作為！一方面以「給予」來祭獻自己，一方面以「接受」十字架（願意受苦）來表達我們對天主的愛（參閱第一章）。原來我們得在十字架上，而不在祈禱的神慰裡找尋耶穌。賈培爾神父非常肯定大德蘭克修觀點的絕對和艱辛，即：必須透過打造謙遜、超脫、愛近人這三個默觀生活的根基，才能修建高樓直達默觀（參閱第三章）。於是德蘭的追隨者不再是「像綁住腳的小雞那樣移動腳步」，長此以往，可以像「老鷹般凌空飛翔」！賈培爾神父盛讚大德蘭：「她深愛崇高的理想，使她的心思意念躍入極高超的境界，不過她的雙腳仍然穩穩地站立在地上。」因為大德蘭是真正學到主耶穌謙遜善表的女兒，務實又超卓！

耶穌說：「我是道路、真理、生命，除非經過我，誰也不能到父那裡去。」（《若望福音》十四章6節）賈培爾神父提挈大德蘭教導的要義——靈修生活永遠不能離開耶穌的「至聖人性」。聖言降生成人，為親近、救贖人類（此為由上而下的呼召），而人們以主耶穌為榜樣，切願擁抱十字架，只關心祂聖心的光榮，透過克修，逐漸擺脫自我、自愛與私欲偏情，好能與天主結合（此為由下而上奮起的答覆）。於是透過時時聚焦於這「至聖人性」，我們卑微懦弱的人性生命，得以提升到基督徒崇高的圓滿理想——在圓滿的愛德生活中享有天主。在《煉靈的哀訴》[1]一書中，同樣提及編織那圓滿的「愛之環」：「善用你的光陰吧！……聖德生活的每一行為共同形成愛的一條鎖鍊，使他同所愛的耶穌聯繫的越來越緊密。當最後的環節形成時，耶穌便將那羈留功德圓滿的靈魂同肉身結合的薄弱鏈條打斷。這樣被解放的靈魂便在永久的幸福中同天主結合無間了。」

「祈禱和修德如同雙臂，充滿愛情，向天主伸展，那麼渴望和靈魂結合的天主，一顆真的已為祂預備好的渴慕之心，祂怎能抗拒呢？」（參閱第三章）是的，就像一個搖搖晃晃正在學步的小孩，對父母充滿依恃戀慕之心，雙手伸向前方，只想快快抱住父母，哪有父母不想搶前一步，把孩子緊緊擁入懷中呢？

德蘭學校的學習者對慷慨不設限、對愛情的渴望也不設限（參閱跋），在單純、深邃和普遍的注視中（參閱第五章），把我們的心消融在祂的身上，把我們的一切沉潛在祂的聖意之中，「真聖德……就是恆持不懈地將人性的自我放在一邊，讓天主隨

1.《煉靈的哀訴》，Marie de la Croix 著，侯景文譯，光啟，1972，台中。

意工作，以至深的謙遜接受由祂的慈善而來的恩寵，自承不配，盡量保持自己在天主面前，在祂神聖的注視下作一切，只想找祂作自己努力的見證和唯一的報酬。」（《煉靈的哀訴》）時時存想主耶穌基督，如同親臨，我們單純地注視祂，也在祂神聖的注視下做一切，無論是主動的（自修）默觀或灌注的默觀，我們的生活已不再是靜態的「存想」，而是活活潑潑地與祂合作，「同化」了！祂是我唯一的報酬，於是這平安喜樂也源源不絕，遠遠超乎世物之上。

默觀是一種祈禱的境界，靈魂獲致默觀，常來自不斷收心和完全捨棄自己，且須受苦。默觀恩寵本身的目的便是引領我們更完全地自我交付，因為世物不足恃，轉眼即消亡，只有慷慨的愛能征服天主的心！「當我們倒空自己內所有的受造物，又為了愛天主而全然超脫，上主必會以祂自己來裝滿靈魂。」（參閱第二章）但是大德蘭強調，不管有無默觀的恩寵，靈修的成全在於人的意志與天主聖意完全結合，而神祕恩寵只是捷徑。即使沒有默觀，只要深切熱愛主耶穌，並以祂為成全的典範，我們也能達到聖德。

做聖女的知音

透過賈培爾神父精湛的解析、歸納，我重新在大德蘭身上看見聖母的順服、聖史若望的穎悟和聖保祿宗徒的豪邁！有如加俾額爾總領天使（St. Gabriel, the Archangel），賈培爾神父（Fr. Gabriel）人如其名，就像天使一般，透過不斷詮釋、宣講、傳播，引領大家深入德蘭靈修的精髓，窺其堂奧，進而得以暢飲主耶穌生命的活水，居功厥偉。

賈培爾神父除了以慧眼巧思點畫出大德蘭崇美的生命邏輯（參閱〈導言〉）之外，我們透過洗鍊而優美的翻譯，可以想見天上的大德蘭是多麼歡喜地得到這些知音啊！而賈培爾神父令人嘆服的詮釋與生動的表達，真正傳達出人心難以想像、或是想說又說不出的心曲啊！茲舉三例如下：

第一章：「輕浮者追逐世上易逝的快樂，……熱心的人不能滿足於這些無益的沉淪，……他們生命存有的極深處，有著對神的鄉愁，一種朦朧而深邃的渴望，嚮往著和天主結合。……有一天，他們也會感受到德蘭修會的喜樂之情，從心的最深處湧現。」（頁七〇～七一）

第三章：「當靈魂行走於完全超脫的道路上時，完全慷慨的靈魂通常被導入神祕的默觀，復興她的力量，鼓舞她的勇氣，激發她的活力，顯示給她愛的新領域，無邊無際。靈魂的新生命誕生了，圓滿、深邃、廣闊。……沉醉於愛的靈魂已處於默觀的愉悅中！」（頁一一〇～一一一）

第三章：「（老鷹）凌空飛入明亮的光中，縱身投入燦爛的光輝中；如果靈魂知道，如何藉成全的超脫，高舉自己於塵世之上，這不就是沉浸於默觀的光明中，放射出光芒嗎？」（頁一三二）

德蘭學派的理想是「愛、被愛、使愛（亦即天主）被愛」，她樹立一個慷慨的基督徒靈修的好榜樣，「她在心愛主的聖意中，勇於埋葬自己」（參閱第三章），為了聖教會的益處，完全犧牲自己。就世俗眼光，大德蘭一生為革新教會奔波忙碌，席不暇暖，被誤解也受苦甚多，可她還常要抱病奉命著書，這麼精微而細膩、真實而豐富地陳述，充滿方法又有果效地引導後輩，因此天主慷慨地善待這慷慨的靈魂！她是教會忠信的女兒，是教會的聖師，她那「天上的教誨」餵養無數飢渴的靈魂（參閱〈作者原序〉），她親自為大家鋪設一條通往崇高圓滿聖德的路徑，她是真正摸著耶穌肋旁聖心的那一位！

推薦序四

本文作者：林金月，國立台灣師範大學國文系畢，曾於竹東高中執教二十八年，現已退休，目前在堂口帶領客家聖詠團，並參與監獄牧靈工作。一生追求上主的旨意，是淡水聖本篤修會終生奉獻的家修會士，也是加爾默羅靈修的追尋者。

聖女大德蘭。

作者原序

聖瑪麗德蓮的賈培爾神父
Fr. Gabriel of St. Mary Magdalen O.C.D.

結集這幾篇講稿付印成書，主要目的在於引導人更深入探究聖女大德蘭的著作。敝人曾先後在加爾默羅總會院的聖德蘭國際學院、米蘭聖心公教大學講授過這些課程。

這位革新加爾默羅會的聖會母，她那「天上的教誨」餵養許多的靈魂，然而事實上，這些靈魂不見得全都對她的教導有著滿意的概念。事實是，聖德蘭著書急速落筆，有時缺乏確定的章法，只有對那些熟悉其著作的人，才會呈現出她迷人思想的內在結構。一旦把握住她思想中的主要線索，要重新架構她的綜合學說，自然不會有很大的困難。不過，最起碼的辛勞工作，則要耗費時間，這不是人人能付出的。在有限的能力範圍內，敝人願幫助讀者，使之與聖女接觸時，從中得到更大的神益。當闡明她堅毅不屈所追求的理想，指出她提示的種種方法，及以生花妙筆描述的所有神妙恩寵，如何帶領我們達到這個理想時，我們認為，可依賴聖女的朋友們，他們導引性的線索使人更安全、更愉悅地行走於她神祕城堡的迷宮內，也能更清楚地明瞭她思想的深奧合一性。由此，人們會瞥見其著作的豐盈富裕，如同許多散布的珍珠。她的書如此多彩多姿，如果做到這一點，多多少少，我們對聖女的孝愛敬禮，會促使我們投入此一工作，也必會得到辛勞的豐沛回報。無論如何，完成此一工作時，個人所體驗的喜樂，實足以令人忘卻勞苦。和我們會母的偉大靈魂接觸交往，是這個安慰的根源，令人急於想和所有欣賞聖女大德蘭著作的人分享。

同時，雖然我們聲稱本書的宗旨，係針對一個比較實際的修會，我們並沒有因此而忽略去年（一九三四年）有關德蘭神祕學派的一系列探討。在傳統加爾默羅會教導的光照下，檢視現代靈修學中不同的爭議，我們已指出德蘭學說普通靈修方向中的實際目的，如何達到中庸之道的結論，使我們預見雙方可能的合一，雖然乍看之下，顯然彼此對立。更直接探究聖德蘭的教導——革新加爾默羅會「學派」的真正根源，使我們更進一步地踏上這條合一之路，更接近對方學派的道理，按我們的見解，兩者互相補充，而非對立。許多世紀以來，受到多瑪斯傳統的薰陶，德蘭學派的神祕教導和天使聖師多瑪斯似乎不可能相衝突，不過比較實際的目的，賦予前者能給其綜合學說一個不同的角度，有別於神祕問題上純理論性的觀點，這是很有助益的。更明顯地強調雙方的一致，而我們主張這個一致是基本上的。我們認為所從事的是很有用的工作。

結語時，我的思想轉向我極親愛的修會家庭，其生活乃依靠著聖女的教導。整部著作中，我始終對之存念於心，我的渴望是幫助修會更深徹悟會母的教誨，這個意念確實不亞於幫助會外朋友們克服瞭解會母的障礙。但願拙作也有益於某些「追隨德蘭」的靈魂，使之更深入其內修生活，那麼，我至深的期望必會得到滿足。至少在某種程度上，敝人已協助了教育我所心愛的聖女耶穌德蘭的修會家庭。

一九三五年三月十五日大聖若瑟節慶期間，於羅馬

導言

德蘭的著作是她生命的果實

聖女耶穌德蘭的教導本無須推薦介紹。聖教會稱之為「天上的教誨」[1]，在訓練靈魂度靈修生活方面，持續採用聖女的指導，有增無減，尤其是教導獻身於修行心禱者。事實上，凡談論神祕學的書，無不大量引用聖女大德蘭的著作；她的書幾乎譯成所有的歐洲語言，且已是天主教靈修上共有祖產的一部分。在此，我們無意論及教會外對她感到興趣的部分，如心理學方面；賞識她對神祕經驗的純熟敘述；或愛好純文學者，喜見其表達思想的精微細緻、瞬息變化萬千、筆觸活潑又清晰。

不過，即使局限於基督徒靈修的範圍內，這位祈禱生活「大師」的著作，在虔誠靈魂者心中喚起的是何等的熱心！的確，很難找到另一位女作家如同她一般，知道如何揉合深度的教理和廣泛的經驗，以母親的話語表達出來。她能如此單純，如此親切地教導她的女兒們；她能牽著她們的手，指出「她們該做的是什麼」。雖然她在我們

1. 見梵二大公會議之前，聖女大德蘭節日的集禱經。

面前展現崇高的視野，指示英豪的理想；她知道如何守護我們，在奔向這些崇高的極峰時，不斷保有信賴和謙虛。凡熟悉聖女大德蘭著作的人，會將她視為迷人的女士。

然而，乍讀其書，難免留下條理不明的印象，雖然如此，同時卻也賞識到其觀念之深刻、思想之美麗，豐富無比地流露於字裡行間，有時熾烈燃燒，經常紅光輝耀。當聖女的豐富思想引導她離題旁論時，讀者們，多多少少，會失去論證的線索，因而渴望更系統和嚴格邏輯的敘述。可是，邏輯一直都存在其中，且是很深奧的。德蘭的著作中蘊含著她生命的邏輯，勤加研讀其著作的人，可窺視其內蘊。這位偉大的女士結合了敏銳理智的直觀和超性的光照，使之融合於一顆能懷有無限大愛的「人心」內，她運用所有能力去愛人類生命的至高原則和終極——天主。如此生命的邏輯是極崇高美好的。

靈修大師們的老師

再則，聖女大德蘭的學生很快就覺察出來，她經常出現的離題旁論，有如散布的貴重珍珠，並不阻礙思路的進展。插句結束，聖女巧妙地言歸正傳，續談彷彿失去的主題。即使經過冗長的中斷，又沒時間回頭再看一遍她所寫下的，她仍然隨即續論前題，以更新的活力探索其深奧處。我要多說一句：綜觀她的不同著作，寫於前後約二十年之間，我們發現其道理具有深度的合一性。當她還是個四十歲的女子時，那時滋養她的思想，後來仍可以被發現，只不過變得更豐富，也更成熟，重新表達得更靈活和迷人，於是建立起一個綜合學說，更深的直觀，更明晰的面貌，針對單一的對象，即靈魂與天主的結合；知道只有一條到達那地方的道路，亦即慷慨。

對此兼容萬般變化的美妙結合，唯一合適的解釋：此乃德蘭的生命。她道出了她的感受，她的生活。她的書不只是深思細想的結果，也是她生命的果實。耶穌德蘭的著作是她靈魂的畫像，字裡行間震顫著一顆偉大心靈的跳動，絕對地捨棄於唯一的一件事：即全力去愛天主。這些著作具有深度的邏輯，因為它們反映出她生命的邏輯。因此，如果我們從中追溯出一個真正的綜合學說，似乎不該是徒勞無益的。

為了盡可能有條理地研讀德蘭神祕學派的道理，首先我們要好好細思這位革新加爾默羅修會會母的教導。聖女大德蘭確實堪當會母的榮銜，不只因為她是許多座隱院的建院者②，最主要的，也因為她建立了一種精神，她能將之注入整個修會家庭：一種活生生的精神，在加爾默羅會隱院內，由此生出許多被選的靈魂，他們的聲譽將留

2. 聖女大德蘭是十七座隱修院的建院者，改革的男會士也出自她的創始，她在杜魯耶洛（Duruero）得到一座農舍，作為男會士的第一座修院。

芳於基督的教會，同時導致一批靈修生活的大師，他們穩妥地指導慷慨的靈魂，達到與天主親密結合的崇高境界。這是一個根源於聖女大德蘭著作的靈修學派。真是天主上智的眷顧，在她身旁安排了另一個靈修天才，如同天鷹一般——聖十字若望透視一切的眼光，強力的、綜合性的活力，賦予德蘭學派的教導科學的架構，使其價值愈發顯明，然而，聖十字若望也是聖女大德蘭的靈修子弟。從這位神祕聖師架構的學說中，我們發現，其中大部分源自德蘭姆姆對女兒們的教導，她們熱烈地渴望得到她那母親般的訓練，迫不及待地，願意接受這位導師的啟迪，因為在她們看來，德蘭姆姆是行走於光明中的導師。藉著研讀聖女大德蘭的著作，我們達到革新加爾默羅會神祕學派的源頭。

結語：她是「耶穌的德蘭」

因此，以下的這些道理，我們視聖女大德蘭為靈修生活的導師，並在更本質性的靈修問題上，確定她的深思遠見。首先，我們要致力於探討她如何瞭解成全，此係聖女提示我們應該奔向的目標。從這第一個問題衍生出另一個，在今日，它們是不可分

聖女大德蘭所創立的隱修院

1562 S. José de Avila 亞味拉的聖若瑟
1567 Medina del Campo 康波的梅地納
1568 Malagón 馬拉崗
1568 Valladolid 瓦亞多利
1569 Toledo 托利多
1569 Pastrana 巴斯特日納
1570 Salamanca 撒拉曼加
1571 Alba de Tormes 多爾美斯的奧爾巴
1574 Segovia 塞谷維亞
1575 Beas de Segura 塞古拉的貝雅斯
1575 Sevilla 塞維亞
1576 Caravaca 卡拉瓦卡
1580 Villanueva de la Jara 哈拉新鎮
1580 Palencia 帕倫西亞
1581 Soria 索里亞
1582 Burgos 布格斯
1582 Granada 格拉那達

1562–1582 年（廿年）之間，聖女大德蘭創立了十七座隱修院。

離的，亦即在成全超性生命的觀念下，神祕默觀理想所占的地位如何。此乃第二章的主題。第三章中，藉著解析《全德之路》，我們要提出主動的努力，這是靈魂自我聖化必須有的工作。到了第四章，在聖女的指導下，我們探訪靈心城堡的不同住所，並在這些知道如何徹底自獻於天主的靈魂內，讚賞神愛所施行的奇工妙化。最後，為了不忽略德蘭學說中最動人的特質，我們要指出，綜觀其靈修旅程，聖女大德蘭從未和耶穌基督分離。她真是「耶穌的德蘭」。

第一章

完美的全德是大德蘭一生的理想

「天主賜她心靈寬大，如同海邊細沙。」③一顆偉大的心，如同海邊的細沙，廣闊無垠，不斷延伸直達天涯盡頭！這是聖女大德蘭的形像，再沒有比這更好的描述了。德蘭是偉大靈魂的典型，她極其厭惡折衷的辦法，凡她所做的必是徹徹底底的，尤其是和愛有關的事情。她不是那種為了芝麻小事就裹足不前的人。她的腦袋不懂得如何計算，她慷慨，心地寬大，她的特性是絕對的、囊括一切的。敘述全德的理想時，*todo*（全部，完全）這個字處處流露於字裡行間，不知有何界限，這是「熱情」的一個明顯記號；她全心的渴望表現在：完全沒有保留地給出自己。

對聖女大德蘭而言，這就是一切。她不曾有過其他的想法，我們按聖女的著作年代，順序快速地流覽一下這些書，並加以說明。所以為了我們現在的目的，我們必須熟識這些書。聖女的理想常是一樣的，不過，隨著年歲的增長，理想變得更清楚、更具體，也表達得更貼切。開始時從內心流露出來的話，後來變成非常明確的道理，而先前熱烈溫情的話語絲毫未減。有時候（主要是在她早期的作品中），聖女把這個必須有的自我交付擺在我們面前，作為瞭解她另一個偉大渴望的必要條件：進入和她的心愛主親密結合。然而後來，她詳細地告訴我們，其中包含靈魂真正完美的倫理，甚至連祈禱中天上的安慰，也是由此決定的，而且應該使我們能更完全地把自己給天

3. 原註標示的這段話取自加爾默羅會專用彌撒經文，梵二之後經本已修訂過，現在可在加爾默羅會專用日課中看到。見十月十五日，第一晚禱對經三。

主，完全被天主的愛占有。聖女明瞭，愛更在於給予，超過接受。

《自傳》

當聖女耶穌德蘭四十七歲時，由於服從神師而寫了《自傳》，之前的幾年，她已經毫無保留地全心專務內修生活，她只為耶穌而生活。而耶穌報答了她，她的靈魂滿溢天上的喜樂，使她沉醉在愛內。但是，德蘭有一顆寬大和慷慨的心，她不願自己獨享這個幸福，她盼望所有內修的靈魂都能分享到。的確，她無法想像，在愛的成全生活中，怎會沒有與天主的親密友誼，她在洋溢友愛之中，向她的心愛主高呼：「啊！我靈魂的主！我的美善！當一個靈魂決心愛祢，盡其所能離開一切，更專心致志於此神性之愛，為什麼祢不願意她很快攀登直上，享有這個成全的愛呢？」不過，她立刻想起自己過去的缺乏慷慨，於是修正自己說：「我說得不好，我該說和抱怨的是我們自己不想望這愛。如果我們沒有很快享有這麼崇高的尊位，全部的過錯在於我們，……我們是這麼小氣，又這麼的慢拖拖，才把我們自己全給天主。」（自傳11・1）大德蘭是這樣看事情的：如果我們願意得到和天主的親密友誼，我們必須徹底完全給出自己，絕不可斤斤計較。

往昔的日子，她並非常常這樣給出自己。她甚至知道在那些不忠心的歲月裡，自己甘心受縛於愛戀受造物。然而到了最後，終於被恩寵征服，她開始全心投入內修生活。我們的主來幫她，經過數年的掙扎和努力，賜給她一個神魂超拔的恩惠，使她完全脫胎換骨，前後判若兩人。聖女用活力充沛的話語，向我們敘述神性恩寵的凱旋釋放了她，賦予她自由。「在此祈禱中長出了翅膀，使人易於飛翔；雛鳥的稚毛脫盡；在這個祈禱中，基督的旗子已高高舉起。就好像這個碉堡的守衛登上，或說，占據了最高的堡壘，揚起了天主的旗子。」（自傳20．23）多麼豐富的比喻！「凡靈魂在其中看得非常清楚，今世必須看重的萬事萬物何其渺小，而且根本是虛無。凡站在高處的人盡覽許多的事物。靈魂不再渴望，也不願擁有自由意志——這正是我向上主請求的。他把自己的意志交給上主。……他所渴望的，無非是承行上主的旨意；他也不願做自己或其他什麼的主人，也不願在這花園中只打零工。」（自傳20．23）的確，大德蘭現在已經完全交付自己！她把自己意志的鑰匙交給天主；除了承行主旨，她不再有自由了。

《全德之路》

到了這時，聖女大德蘭願意度更犧牲的生活，並且把那些本該完全屬於天主的靈魂獻給祂，於是聖女創立了她的第一座隱修院，讓天主在「這個天堂的小角落」（自傳35・12）尋獲祂的愉悅。有一小群熱心慷慨的靈魂和她一起幽居在聖若瑟隱修院，在那「耶穌所喜悅的樂園」（自傳35・12）中（有一次當主耶穌和聖女談話時，親自這樣稱呼這個隱修院）。現在這些靈魂燃燒著理想，渴望會母德蘭教導她們；在她們的請求下，聖女大德蘭寫下了她的《全德之路》。

那些有著偉大靈魂的女兒們，多麼迫不及待地閱讀這本書！聖女大德蘭以粗大強勁的手筆，為她們追溯探究，並解釋加爾默羅會的理想。「妳們已經知道，第一個基石是：必須是純潔的良心……要竭盡全力，連最微小的罪過也不違犯，並且尋求至高的成全。」（全德5・3）「至高的成全」，可以用來作為第一個基石嗎？聖女大德蘭真實地使女兒們珍視這崇高的熱望，在她親筆寫的《會憲》中，談到收納初學修女、保守生必須具備的條件時，她寫道：她必須誠心切望全德（*a toda perfección*）。

從一開始，我們立即進入慷慨的氛圍中，立刻可以向這樣的靈魂要求許多。當聖女寫到關於超脫這一章時，她說：「如果做到成全的地步，這就是一切了……修女們，我們得以將自己完全、毫無保留地奉獻給萬有者，這項恩寵，妳們認為是個小小的福分嗎？……要感謝祂使我們聚集在這裡，除了完全奉獻給祂，無須涉及其他的事。」（全德8・1）的確，在這會院內，不會有什麼東西可想的，除非妳們是非常慷慨的，否則不可能活在這裡。聖女說：「為了天主的愛，我們捨棄自由……經歷這麼多的磨難、守齋、靜默、退隱，且在經堂誦經……一位想成為天主密友的好修道者，他的一生就是長期的殉道。」（全德12・1－2）總之，天主不會完全給出祂自己，除非我們把自己完全給祂（全德28・12）。

然而，不要以為完全的自我交付只是個主動的過程！我們必須以「給予」來祭獻自己，確實沒錯，可是，也必須以「接受」這樣行之。當聖女大德蘭解釋〈天主經〉時，她向我們指出，何以擁抱一切就是把自己獻給天主，那時我們以全心說「爾旨承行」：「我願意勸告並提醒妳們，祂的旨意是什麼。妳們不要怕，這表示祂會給妳們財富、歡樂、榮譽……祂是太愛妳們而不給妳們這些東西……請看……祂給了祂的至愛者什麼：痛苦和十字架，從而明瞭什麼是祂的旨意。像這樣，這些就是在今世祂給予的禮物。祂的給予，根據祂對我們所懷的愛：祂愛得較多的人，給的這些恩賜也較多；愛得少的，恩賜也少。祂所根據的是，祂在每個人身上看見的勇氣……那愛祂很多的人，祂看得出來，也能為祂受很多苦；愛得少的，能受的苦也少。我認為，我們能負荷的十字架，其大或小取決於我們的愛。」（全德32．6－7）

因此，完全給出自己也意謂著甘心樂意受苦。願意受苦正是我們愛天主的明確證據，完全被愛占有的大德蘭，反覆地對她的主說：「或死去，或受苦！」（全德40．20）基督的愛人在十字架上尋找祂。現在我們知道奉獻自己的限度：為了愛祂去擁抱痛苦。

在同一篇章中，心地寬大的聖女大德蘭邀請她的女兒們達到英豪的境界，她也提醒她們把自己絕對地給天主，會預備她們達到和天主最溫柔的親密，不過在此我們要略而不提這些。關於這個奉獻，她說：「我們準備著，要非常快速地走完路途，並從所提過的水泉喝到活水。」（全德32．9）大德蘭認為活水象徵神祕的結合，為此，我們發現，我們正面對成全生活和神祕恩寵相關連的問題。

《默思〈雅歌〉》④

幾年過去了，耶穌德蘭捲入創立新會院的無數掛慮中，她的內修生活日漸加深，充滿強烈的心靈喜樂，她沉思《雅歌》中的神祕字句。她願意女兒們分享她從中發現的珍寶，因而在得到神師許可後寫下《默思〈雅歌〉》。但是，這本書的命運很不幸。另一位告解神師狄耶各神父⑤，或許是要考驗她的服從（難道沒有別的考驗方式嗎？）命令她燒掉這書。聖女立刻服從了。這位可憐的神父全然不知如何是好，而我們則喪失了聖女的另一手稿。所幸大德蘭的女兒們已抄寫了幾頁，至少局部地保存了這本書。

「願君以熱吻與我接吻。」「啊！神聖的新娘！讓我們反覆細思妳們所祈求的……這在於凡事符合天主的聖意，竟至達到天主和靈魂之間不再有任何分別；他們之間只有一個意志在主導，不只在言詞和願望上，而且在實際的行為上。當新娘看到她能以什麼方式更好地事奉新郎時，她對新郎所懷有的愛，及悅樂祂的渴望強烈地吸引著她，因此她不再去聽什麼，無論是理智的推理，或其中暗示的怕懼，她只讓信德去行動，毫不在意她自己的舒適……。」（默思雅歌3・1）

4. 這本書作者原本沒有題寫書名，現在所見的書名均為編輯者加上的。本書是在1611年由古嵐清神父整理出版，最早出現的書名是西班牙文：*Conceptos del amor de Dios escritos por la Beata Madre Teresa de Jesús sobre algunas palabras de los Cantares de Salomón*（直譯是：天主之愛的靈思，耶穌的德蘭姆姆所誰是這位熱戀的新娘呢？難道不就是聖女大德蘭自己嗎？她的渴望是什麼？除了天主的聖意，不再有任何的意願，因而使他們之間「不再有什麼分別，只有一個唯一的意願」，她將用實際的行動來證明。一旦她明白有什麼更能事奉天主的事，愛熱烈地催迫著她，使她不能不去完成那事。「被愛所吸引……她什麼也聽不到。」困難再也算不了什麼，愛情猛烈猶如死亡。是的，給出一切，就是無限地給出！如果說大德蘭許願要常常實行她認為最成全的事，誰又會感到驚奇呢？此乃她那顆充滿愛的心靈所迫切需要的。

《建院記》

現在我們到了談《建院記》的時候了，這是大德蘭所有的著作中最生動有趣的作品。書中卓越的教導往往打斷關於建院的迷人敘述。我們由此發現，聖女的理想得以用更動人心弦的方式表達出來，同時她的道理已臻成熟，極具明確性。「顯然的，成全不在於內在的甜蜜甘飴、偉大的出神、神見或預言的神恩，卻在於使我們的心成全地翕合主旨。無論我們所知道的祂的旨意是什麼，我們都願意堅定不移地承行祂的旨

著，關於撒羅滿《雅歌》中的一些話語）。柯文諾神父（KK）英譯的書名是：*Meditation on the Song of Songs*。由於這本書尚未譯成中文，稱之為《默思〈雅歌〉》或《天主之愛的靈思》皆可。

5. Diego de Yanguas是道明會的神父，也是一位神學家。

意，只要是天主的旨意，無論甜蜜或痛苦，都以同樣的喜樂來接受。」（建院記5・10）

這個說法清楚無比。對這位偉大的神祕家來說，成全在於意志完全翕合主旨。不過想想看，這個翕合主旨是多麼偉大，如聖女所瞭解的，只要知道是祂的旨意就夠了，無論是多麼痛苦的事情，都必須喜樂地擁抱它，只因為它是我們的心愛主所願意的。德蘭停止這個思想，接著指出我們這個極大慷慨的根源。「看來如此困難的，不只在於去做而已，而在於樂意去做，那從本性來說，完全且處處違反我們意願的事。這確實向我們要求付出代價，不過如果愛是成全的，就會強烈得足夠去完成那些事。而我們會忘掉自己的舒適，為能悅樂那如此深愛我們的祂。」（建院記5・10）的確沒錯，慷慨是從愛湧出的，因為實際說來，「放棄我們的意願」和「去愛」兩者毫無區別。德蘭在她最後的一本書中清楚地指示我們這點，她的思想達到圓滿成熟，綜合歸納了不同方面完美的倫理。

《靈心城堡》

聖女大德蘭六十二歲時寫下她的不朽傑作《靈心城堡》。現在她已經達到靈修的圓滿成熟，她所享有的神婚恩寵向她揭示神祕生活中最深的奧祕，廣博的經驗致富了她透視超性奧祕生活的能力。她用巧妙的手建造靈心城堡的住所，運用無比的藝術手筆加以描述。然而，當她引導我們穿越不同的住所，達到更內在的殿宇，靈魂在那裡享受崇高的神祕恩寵，她處處流露出母親般的勸言，歌唱讚美天主的仁慈，即使如此，她從未忘記那永遠令她著迷的成全理想。她依然是「耶穌的德蘭」，這位「完全給出自己的」耶穌的德蘭，她會把自己的意志埋葬在她唯一愛人（天主）聖意的深淵裡。

默想、收心、寧靜的祈禱，引導靈魂達到合路的門檻，於是我們來到了第五重住所，靈魂在此經驗到福境的結合，享有天主「真實」的臨在，感受到自己和天主結合，「接觸到天主」。這些是特別屬於成全者靈魂的恩寵，可是德蘭知道，天主並沒有引領所有的人走上這條至高超性恩惠的道路。那麼其他人的成全是否就被剝奪了呢？我們來聽聽聖女所說的：「對那些未蒙上主賜予這麼超性恩惠的人，不要讓他們感到敗與失望是好事；真正的結合實在是能夠獲取的：藉著我們上主的助祐，如果我們努力求取，使我們的意志專注於天主的旨意。……上主能經由許多道路致富靈魂，帶領她們達到這些住所，無須經過我所說的『捷徑』（亦即神祕的結合）。」（城堡5・3・3－4）她結論說：「這個結合是我畢生所渴望的，是我經常向上主祈求的結合，這也是最清楚和最安全的結合。」（城堡5・3・5）

因此，大德蘭更努力追求的是她的意志和天主的意志結合，遠甚於神祕的結合。不過，現在她要向我們解釋「天主的旨意是什麼？」她寫道：「上主只向我們要求兩件事：愛至尊陛下和我們的近人，這是我們必須努力的工作。成全地履行這兩件事，就是實行祂的旨意，這樣，我們就是與祂結合。……而如果我們願意，……這是我們能力所及的。」（城堡5・3・7）因此，是愛德的成全使我們成全地翕合主旨。大德蘭在此採納神學家的共同觀點：「基督徒的成全在於愛德的成全。」然而，如聖多瑪斯清楚指出的，這個成全有二個等級，第一個等級，靈魂歡欣於寧靜地擁有普通美好的恩寵，經過煉路和明路的掙扎後，得到勝利，而達到了確實的安全。但另一個是「著手於更困難的事」，即：只要知道那是悅樂天主的事，這樣就夠了；靈魂願意要它，因為她立即愛它。聖多瑪斯說，這是最成全的愛德。說明了這些之後，我們不能懷疑大德蘭傾向於更成全的愛德，一想到她在修院內的整個生活就是引領她達到如此的愛，這個思想使她歡喜雀躍。「我的女兒們，我們要明白，真正的成全在於愛天主和愛近人，愈成全遵守這二條誡命，也會愈成全。我們的全部《會規》和《會憲》，無非是幫助我們更成全地遵守這誡命。」（城堡1．2．17）加爾默羅的整個生活雖有許多機會犧牲，也無非是愛的生活，導向愛的圓滿。

關於大德蘭的倫理理想，我們已從她連續表達的話語中加以探索得知：把我們自己完全給天主——擁抱痛苦；不惜任何代價尋求悅樂天主——把我們的幸福放在天主的聖意上，甚至當本性對此反感時亦然；最後是完全發展「成全之愛」的觀念。然而聖女這些不同階段的思想，賦予她對成全之愛的觀念更具堅決和簡明的形式，問題的關鍵是愛，就是以喜樂的自我犧牲表達的愛。德蘭認為成全的愛德不只是個「愛的更強烈等級」而已，而是一個滿溢於外，主動的、生效的愛德。對聖女大德蘭而言，愛和犧牲是密切交融的兩件事。犧牲的整個價值來自愛，而犧牲是愛的最明顯記號。的確，按大德蘭所瞭解的，愛德「著手於更困難的事」。有一次，聖女的一個女兒（現今已和她的會母同樣聞名於世，亦即里修的小德蘭）給愛下了一個定義，和大德蘭的觀點極其相似，她說：「愛就是給出所有，給出自己⑥。」

6. 聖女小德蘭的詩。

愛近人就是愛天主

愛天主就是把自己完全給天主，而愛我們的近人也是為他們完全耗盡自己。大德蘭一生常感到極需靈魂的確實安心。她希望完全慷慨，實際上，她不願徒然地工作或受苦。誰可以責備她呢？天主以神見和特別顯現的方式引導她，有多少神學家是她沒有請教過的？有多少報告是她沒有寫過的？這一切為的是使人確信天主的聖神在她內工作！然而，最重要的，當她面對的是愛的問題時，她是確信不疑的。「去愛」真的是她整個的生命。當她獲悉不能絕對地確定處於天主的恩寵中時，她以各種方法來尋求增加對此事的安心。她說：「按我的見解，我們是否履行這兩件事，最確實的標記乃在於好好地實行愛近人；因為愛不愛天主，我們不得而知，雖然有大記號讓人懂得我們愛天主；不過，愛近人是能知道的。」（城堡5．3．8）我想神學家會贊同地說我們能知道，或說能更清楚地看到；然而實行時，兄弟姊妹的友愛確實是更實在的，因為愛德不能和愛天主分離，這使我們更確定我們真的在愛天主。聖女大德蘭熱烈地追求確定性，懷著「吸引她歸向天主的全部熱情」，她在近人身上愛天主。在她那寬大的心中，愛天主形成深不可測的深淵，愛她的近人使之擴大，達及擁抱整個世界。

加爾默羅會的生活是使徒性的

我們不該忘記聖女大德蘭的改革源自她的使徒精神。她在《自傳》悅人的篇章中，敘述亞味拉（Avila）聖若瑟隱院的創立，始於地獄神見的恐怖描述，這把聖女嚇得只要一想起就血脈凍結（自傳32·4）。這個神見並非只因她靈魂內一個根深蒂固的罪，而且，如她告訴我們的，她也感到「許多會下地獄的靈魂（尤其是路德教派，由於洗禮，他們也是教會的肢體）帶給我的極大痛苦。我確實認為，即使為了從令人毛骨悚然的折磨中，只救出一個靈魂，我也甘心情願忍受許多的死亡。」（自傳32·6）確實是為此緣故，大德蘭在她的隱院內導入極嚴格的生活方式。她和女兒們共聚一起，願意為靈魂完全犧牲自己。當事情關乎到她神聖新郎的教會時，她的熱情是無限度的。創立第一座隱院後沒有幾年，她接見一位遠自西屬西印度群島歸來的傳教士⑦，他告訴聖女說：「在那裡，由於缺少宗教的教導，千千萬萬的靈魂都喪亡了。」大德蘭說：「這麼多的靈魂喪亡，使我深感愁苦，而無法自抑，我退隱到獨居室中，極度悲痛，向天主呼求，我懇求祂賜給我一些方法去解救他們中的某些人。我極其嫉妒那些為愛天主而獻身於傳教的人，即使是要付出千萬死亡的代價……天主這樣俯允了

7. 這位傳教士是亞龍索·曼多納多（Fr. Alfonso Maldonado, Commissary General of the West Indies），他是一位熱心的傳教士。（建院記1·7）

DOMINE ACCIPE COR MEVM.
DA MICHI COR TVV

我……」（建院記1．7）天主安慰她說：「女兒，再等一會兒，妳會看到大事。」（建院記1．8）而那些大事很快就發生了。修會的總會長神父到她的隱院探望聖女大德蘭，起先是「允准」，隨後便「命令」她拓展其革新修會（建院記2）。短短的時間內，滿是慷慨靈魂的隱院遍布西班牙全境。不久男修院隨之增加，時候一到，開始展開邁向遠方的傳教區。當聖女大德蘭獲悉古嵐清神父（Fr. Gracían）派遣會士前往剛果時，她的靈魂必然歡欣喜樂。有一天，她在巴斯特日納（Pastrana）赤足加爾默羅會聖堂祈禱時，看到一個輔祭的小初學生，聖女被他那天神般的純潔所吸引，古老的修會史上說，她以會母的特恩，悄悄地靠近他，親了他。那個男孩子驚慌失措，雙眼低垂，逃進了更衣所。大德蘭以一顆會母的心，深愛她那些有聖德的兒子們，如果她能親自為她的首批傳教士送行，她一定會跪下來親吻他們的腳！

然而，即使是她的女兒們也沒有被寬免使徒的生活，《全德之路》中，大德蘭解釋，何以她們的生活應該為了聖教會的益處和人靈的得救。我們來聽聽她如何把默觀和使徒合併起來。默觀尋求的是和天主親密結合，而使徒生活是渴望幫助人靈不陷於地獄：「既然祂的敵人這麼多，朋友這麼少，這些極少的朋友該是很好的朋友。因此，我決心去做我能力所及的些微小事，也就是，盡我所能徹底完美地遵守福音勸諭，並且使住在這裏的少數幾位也同樣如此。……當我們全都專心致志為保衛教會者祈禱，為這些保護教會免遭攻擊的宣道者和博學者祈禱，我們就是盡所能幫助我的這位上主。祂正被那些祂曾善待過的人欺凌。這些叛徒好像要重新把祂釘上十字架，使祂連枕頭的地方也沒有。」（全德1．2）

如果聖女大德蘭希望拯救靈魂，這確實是為了天主之故，她願意她的主更加被愛！正是為此理由，她非常關心司鐸和神學家。他們護衛天主在世的利益；總之，為他們工作，為他們而犧牲她自己，就是為天主而犧牲她自己。因此，她能夠以此作為她女兒們整個生活的目的。「啊！我在基督內的修女們！幫助我向天主懇求這事，這是妳們為何聚集在這裏的緣故，這是妳們的聖召！這些必須是妳們投身的事業，必須是妳們渴望的事，是妳們流淚的事；這些必須是妳們祈求的對象。」（全德1．5）當她說明其生活中的修行時，她說：「妳們的祈禱、渴望、苦鞭和齋戒，如果不是為了我所提及的意向，妳們應該反省，妳們沒有在執行任務，沒有完成天主帶領妳們來到此地的目的。」（全德3．10）

與受苦的人一同受苦

聖女大德蘭是一個非常實際的女人。她深愛崇高的理想，使她的心思意念躍入極高超的境界，不過她的雙腳仍然穩穩地站立在地上。她是個實在論者；她從未滿足於美麗的思想。事實上，她知道許多人懷有使徒的美夢，可是卻關閉在嚴格的隱院內，滿足於美好的渴望和感受，然後安眠於快樂的寂靜世界中。聖女是各式各種幻想的勁敵，絕不會錯失任何機會，把我們導向克服這樣「不真實」的愛德。大德蘭主張對遠方靈魂的真愛必須以慷慨對待近人來證實，在此我們立即進入實際的領域。「我們要設法盡力了解自己，即使是在小事上亦然，而不去看重那些非常大的好事，亦即在祈禱中，有時突然臨於我們，好似為了我們的近人，甚或只為一個靈魂的得救，我們所要做，或將會發生的好事；因為，如果後來我們的行為不相稱這些工作，也就沒有理由相信我們會完成這些善舉。」（城堡5・3・9）

她用巧妙的諷刺語法告訴我們，有些靈魂在祈禱時完全「埋葬起來」，動也不敢動，惟恐失去一丁點的熱心。「不是的，修女們！不是這樣的；上主要的是工作！如果看見一位患病的修女，妳能減輕她的一些病苦，妳要同情她，而不要擔心會失去這個熱心；如果她受苦，妳也要與她感同身受；必須的話，妳要為她守齋，使她有東西可吃，不只是為了她，更是因為妳知道，那是妳的上主所要的。此乃真正的與祂的旨意結合。」（城堡5．3．11）

聖女大德蘭從未忽視修持德行。「如果妳們不力求並修練德行，妳們永遠是侏儒。」（城堡7．4．9）這是她在《靈心城堡》第七重住所最後一章中所寫的。當然我不會略過那精彩的、修持姊妹之愛的篇章：「修女們，為了奠定良好的基礎，妳們要努力做眾人中最小的，並做她們的奴隸，看看如何或在何處，妳們能取悅和服事她們。」（城堡7．4．8）

我們不要冒然地向聖女說：「可是，那是曼德的本分，主說瑪麗選擇了更好的一份。」因為大德蘭會回答你：「瑪麗已經做了曼德的一份，事奉了主，她用眼淚洗祂的腳，又用她的頭髮擦乾。」（城堡7．4．8）的確，大德蘭要求善工。再者，正是在具體生活環境中行善事，她的女兒們才能幫助那些離她們很遠的人。她說：「不要想望妳們要幫助全世界，而是要善待妳們的同伴，像這樣才是更大的事工，因為對待她們，妳們負有更大的義務。」（城堡7．4．14）不過，努力取悅姊妹們，幫助她們更聖善，這畢竟就是在幫助遠方的靈魂。「其實她們愈好，她們的讚美也愈悅樂上主，她們的祈禱也愈有益於近人。」（城堡7．4．15）的確沒錯，我們以愛近人來表明對天主的愛，而我們對近人的真實友愛，必須靠慷慨對待共處的同伴來證實。聖女大德蘭有如一位明達之士，把她的靈心城堡奠基於具體地修持崇高的德行。

愛耶穌並使耶穌被愛

我們以飛鳥的眼睛俯視所經之路。聖女大德蘭對我們提出來的成全是內在的，也是使徒的。對聖女大德蘭的女兒來說，天主是所愛的那一位，她渴望成為天主的親密知己，單獨與祂生活。會母說：「這是她們必須經常有的目標：唯獨和祂獨處。」（自傳36．29）

然而，愛一定需要找到出路。為了向天主表明她全是「天主的」，加爾默羅會士應該知道如何剝除自我，絕對承行心愛主的旨意：「成全的愛賦予我們力量，使我們為了取悅心愛主而忽視每一個舒適。」（建院記5．10）對於加爾默羅會士，《會規》中所要求的許多苦事和犧牲，即是藉好多的機會向天主證明，她愛天主超過愛自己，因為無論要付出什麼代價，她總是承行主旨，而非逞己私意。這是個極好的方法，我們由此進入了和天主相愛的親密中。聖女大德蘭提及加爾默羅會的修道紀律時寫道：「經常生活在此靜息之中，所需的主要準備是，只渴望歡欣於基督，她的淨配。」（自傳36．29）所以，她所渴望的成全是非常主動和辛勞的。此外，由於極度熱愛天主，她對自己的慷慨毫不設限。我們必須把自己完全給天主，整個生活充滿細心體貼的服務，和愛的犧牲。愛在於給予，更甚於接受。「因為愛天主，不在於眼淚，或歡愉和柔情，……愛天主卻在於以正義、靈魂的剛毅和謙虛事奉祂。」（自傳11．13）又「愛不在於濃厚的歡愉，卻在於懷著強烈的決心，渴望凡事悅樂天主。」（城堡4．1．7）

但是有一件我們必須特別取悅天主的事，因為是祂特別交託給我們的，就是兄弟姊妹的愛德，並為靈魂的得救而操勞。這樣的靈魂從天主的聖心中得到拯救許多靈魂的力量，且使靈魂更愛天主。聖女小德蘭是大德蘭的好女兒，她美妙地總結大德蘭的思想說：「在此塵世，我們只有一件事要做：愛耶穌和為祂而拯救人靈，好使祂被愛。」

以喜樂為動力

現在，我們必須談談德蘭的時代（the Teresian Age），追隨心地寬大的聖女大德蘭。她的足跡遍布西班牙全境，看看她如何播下慷慨的種子、寬宏大量的愛，同時不乏深度的喜樂、心靈的歡欣。梅地納（Medina）、瓦亞多利（Valladolid）、托利多（Toledo）、巴斯特日納，撒拉曼加（Salamanca），這些地方在大德蘭女兒們的歷史中，全都留下了英豪的史頁，隨之繼起許多英勇的創院事蹟；聖女大德蘭的修會擴展遍及全歐，如今甚至遠達各地的傳教區。

由於時間有限，即使想簡略地論及這個主題都難以如願，但在作此結論時，我絕不能略而不提德蘭修會的喜樂特質，在那全心接納的靈魂內，那喜樂的熱情維持著修會的理想；由此可見，慷慨自我犧牲的生活絕不可能是悲傷的生活。請聽聽年輕女士進入亞味拉聖若瑟隱院的熱忱心聲，德蘭姆姆說：「她們好像是個不珍惜自己生命的人，全是為了祂——她們知道，祂愛她們。她們放棄一切，也不要自己的意志，甚至這麼的退避和嚴格，也不會使之不快樂。總之，她們全都自我奉獻，作為獻給天主的祭品。」（自傳39．10）

大德蘭處在她們當中感到很快樂。「許多次，當我在經堂裡，我深感安慰地看到如此純潔的靈魂全神貫注地讚美天主。她們的德行可以從無數的方面被覺察出來；從她們的服從、她們在如此嚴格的禁地和獨居中尋獲的滿足，也從她們遇有克苦的機會時所體驗的喜樂。」（建院記18・5）

會母聖德蘭欣喜於她的女兒們，因為看到她們充滿靈性的喜悅。「有時候，我特別愉悅，當大家在一起時，我看見這些修女們有這麼大的內在喜樂，她們極盡所能地，讚美我們的上主，由於見到自己在修院之中。因為這是非常清楚可見的，那些讚美係來自靈魂的內在深處。修女們，我希望妳們常常讚美祂，因為一人開始，會喚醒其餘的人。當妳們在一起時，除了讚美天主，還能有什麼更善用口舌的事可做嗎？」（城堡6・6・12）這是一個由慷慨的靈魂組成的音樂會，從她們滿溢歡慶的心中，正響起迷人的合聲，揚起讚美天主的詩歌。

為靈魂謀幸福

聖女大德蘭提出的成全理想，並非只保留給她的女兒們。事實上，這無非是基督徒的理想，不過這要從其整體性和全面性來瞭解。這是基督徒的倫理理想，這個理想來自高貴理智的直覺，偉大心靈的推動，絲毫不知折衷妥協。圓滿的愛德導向完全的自我犧牲和完美的自我祭獻；導向豐功偉業，導向至極的成全，為了悅樂心愛主而接納。雖說如此，這仍然是所有人蒙召達到的成全，因為德蘭的道理涉及所有的人靈，儘管它更直接地論及那些更慷慨的靈魂。正是為此之故，通常偉大的靈魂樂於閱讀聖女大德蘭的著作。她的道理絕非只保留給隱院的修女，而是廣泛地播種在所有預備好接受的靈魂內，使「他們能從聖女的靈修教誨中獲得心靈的滋養。」（引述自聖女大德蘭節日的集禱經）

愛天主和愛近人的圓滿是每個基督徒生活追求的終極。大德蘭以特別迷人的方式把它們全擺在我們面前，對她來說，愛天主意指和祂的親密友誼，這友誼是一顆全屬於心愛主的心，因為她已毫無保留地把自己給了祂；這是一個不顧一切犧牲，只求悅樂心愛主的友誼；亦即埋葬自己，翕合愛人的意志，事實上，他們之間不再是兩個，而是一個意志。大德蘭向我們保證：「如果我們願意，這是我們能力所及的。」（城堡5．3．7）

那麼，很明顯的，所有善意的靈魂都可能達到和天主如此親密的結合，因為此乃完美慷慨的果實。慷慨是神性的多產，有助於聖教會和靈魂的福祉。對天主懷有真實之愛者絕不可能不愛靈魂，對天主的深愛要求靈魂懷有非常慷慨的愛；總之，愛靈魂無非就是把天主的愛傾注給天主的兒女。大德蘭希望我們把自己全給天主，同時，她也要我們的生活完全為靈魂謀幸福；如果愛天主意指事奉祂，愛靈魂必然就是事奉靈魂，為他們而忘記自己，為他們而犧牲自己。大德蘭整個地充滿天主親密的聖愛，不過，她也完全滿懷使徒的理想，她的靈魂完全平等地持守雙重的目的。

為了偉大的事而生

處在現代的世界中，不滿足於稍縱即逝的感官快樂者，以其平庸之才，尋求為自己創造理想，這樣的理想是一種世俗和天主的精神互相聯盟的理想，不需要過多積極的努力。我們很高興，幾乎到處可以發現許多人對此膚淺的理想極感憎惡。他們不願度「分裂」的生活。他們很對，因為分裂的生活不值得費心地去追求！德蘭學派的道理直接地感動這樣的人，他們渴望度成全的生活；他們很悲傷地看到，輕浮者追逐世上易逝的快樂，個性膚淺的人深深陶醉於其中，任憑自己被迷惑。

熱心的人不能滿足於這些無益的沉淪，他們之被造生是為了偉大的事！在他們生命存有的極深處，有著對神的鄉愁，一種朦朧而深邃的渴望，嚮往著和天主結合。這些人能夠懂得聖女大德蘭的語言，而如果他們知道如何付諸實行，把他們全給天主，如同這位靈修大師要他們做的，有一天，他們也會感受到德蘭修會的喜樂之情，從心的最深處湧現，這顆心由於慷慨地祭獻給天主而擴大，且歡欣鼓舞。

第二章

默觀——天主願意給所有人的寶藏

心地寬大的聖女大德蘭，懷著喜樂和熱情，行走在絕對捨棄自己的崎嶇道路上，把自己整個生命完全交付給她的心愛主。著迷於天主的神性之愛，她願為她的天主徹底犧牲自己。畢竟，真愛的流露在於給予，甚於接受。不過，愛有其自然的傾向，愛努力尋求與心愛主結合，尋求得到祂真實的臨在；聖女感到在她內有個渴望不斷地增加，切望和她的主結合。可是，在今世，只有在默觀中，才能享有更圓滿地與天主親密的結合。做事完全不折衷妥協的大德蘭，她對渴望和天主結合毫不設限，她把理想放在默觀上；再者，天主樂於豐富地滿足她的渴望。大德蘭是最偉大的默觀者之一，在聖教會中經常閃耀著光輝。

她同時也是一位靈修生活的大師。當她在書中如此堅決地勸告我們要懷有慷慨的愛時，她從未忽略過默觀。她直接地談論默觀，或細察導向默觀的道路，或為我們敘述她女兒們所度的生活。她們豐富地蒙受神性的恩寵，那些創立的新修院，正是許多的神祕花園。她始終不停地讚美天主的仁慈；祂恩賜可憐的凡人和祂親密交往。因此，為了要完整地綜合聖女大德蘭的教導，我們必須找出來，她把默觀的理想規劃在整個靈修生活的什麼位置上。此外，還有默觀和成全之間的關係，這是現代靈修學上的重大課題。⑧（見左頁）

8. 甚至可以說，在現代神祕學家中，爭議最多的無非就是所謂「正常的」(normal)或「灌注的」默觀。我們要問：是否神祕的默觀和靈修進程彼此間存有規則性的連繫，致使沒有神祕祈禱的人就不能達到聖德？綱要性地考量這個問題，其回答可分為兩個基本的形態：一個是肯定的，一個是否定的。肯定的回答主要來自新多瑪斯學派，理論基礎在於考量靈魂超性生命的正常發展。這些神學家主張默觀乃在於聖神七恩的活動。既然七恩是我們所謂「超性機能」整體的一部分，因此，它們連同愛德在我們內發展。但由於它們之賜給我們，當然不是為了在那裡靜止不動的。如果靈魂在愛德上是成全的，而沒有時常被聖神七恩推動，這是不可置信的。由此而推論出，每一個聖善的靈魂是神祕的靈魂，克修生活基本上是為神祕生活規定的，我們必須由此認出靈修生活的合一。另一方面，持否定意見的人士，他們所說的是由經驗證實出來的，主張不是所有的靈魂都是默觀者。因此，他們說神祕的默觀只是個特殊的恩惠，並非賜給所有人的。他們認為聖神七恩的運作，對於所有的神修人是很正常的，不足以解釋什麼。神祕的默觀需要有特殊神恩的運作。所以，一個靈魂能夠是聖善的，卻無須成為神祕家。我們必須認出有二種成聖的道路：一是克修的，另一個是神祕的。不只一次，雙方人士都想從革新加爾默羅靈修大師的著作中尋求援助，不過，這幾乎是不可能的，聖女不會教導二個相反的意見，那麼，問題來了：「究竟誰是對的？」

所以，關於這個微妙的問題，事事都會引起我們留心考量，什麼才是聖女的觀點？像這樣的問題確實很引人入勝，我自認為不該節省辛勞，於是從聖女的著作中收集所有說明此問題的資料，仔細探索每一個比 較困難的重點，之後，按我的見解，我提出解答，這些是聖女大德蘭著作的概要，我完全以聖女自己的話語作為基礎。

我不是第一個嘗試做這事的人。幾年前，波雷（Pourrat）在他的靈修學史中，簡單地提及這問題，但只做結論說：「聖女的思想仍是變動不定，為此，我們似乎無法從中推論出任何確定的結論。」⑨我絕不同意作者的悲觀論調。對我來說，我認為，我們甚至可以從聖女大德蘭豐富和多彩多姿的思想中建立和諧、清楚和邏輯的綜合學說。總之，嘗試這個工作是很值得的。為了使這個研究以清楚順序的面貌呈現，首先我要確定聖女大德蘭所說的默觀是什麼；其次檢視其著作中，關於神祕默觀和基督徒成全之間的問題，聖女的回答是什麼。

默觀：靈魂體驗天主在我內行動

科學的研究中，有許多的錯誤來自沒有事先充分地界定所使用之術語的意義。因

9. 出自Pierre Pourrat. *La Spiritualité*. Paris, 1925.T. III. Les temps modernes. C. 6, p. 214

此，考量所探討的問題之前，指出聖女大德蘭使用「默觀」這語詞的明確意義，我們認為是很有用的。我們這樣做只是為避免留下道理分歧的印象，事實上並非如此，雖然同一語詞以不同的概念來表達時，可能乍看之下會誤以為如此。

當聖女大德蘭說到默觀時，她直接念及的是那些祈禱的等級或境界，就是她的書中所敘述的收心的祈禱、寧靜的祈禱、結合的祈禱等等。事實上，她所敘述的不同等級的神祕祈禱，對她而言，形成一種連鎖，這個連繫標示出，持續的進步形成默觀靈魂路途中的不同階段。所有這些祈禱有個共同的特質，就是說，多少會使我們意識到，天主在我們內行動，雖然清楚的程度並非相同。例如，靈魂在結合的祈禱中，比在灌注的默觀時，更意識到天主的行動。在大德蘭敘述的神祕祈禱中，灌注的默觀是對天主有意識的起始。不過，在默觀祈禱的每一個等級中，靈魂感到自己是被動的，她感到有另一位在她內工作；大德蘭認為這個被動的經驗就是默觀的特質。所以，為了界定神祕學的範圍，我們使用的準則是心理學的、實際體驗的：默觀是一個祈禱的境界，靈魂從中實際體驗地覺察天主在她內行動。

並非所有的作者都使用相同的準則述說神祕的默觀。例如現代的多瑪斯學派，他們以本體論，而非以心理學的立場來看神祕的默觀，他們認為為了要獲得灌注默觀的祈禱，大德蘭所強調的被動經驗並非必要的，問題在於高舉心思於天主，就已足夠，此時聖神的默觀恩賜同時賜下，即使這些超性的動作是隱藏的，而且有點短暫。如此，我們所面對的是更廣泛的默觀概念，超過大德蘭所採取的默觀含意。某些默觀神恩的光明，指導著聖善靈魂的動態生活，也被規劃在灌注默觀的名下。⑩

我們必須結論說，聖女大德蘭的術語（同樣也可說德蘭學派的術語），和現代的多瑪斯學派略有不同，甚至是從不同的觀點選擇出來的術語，即：從心理學，而非從本體論。無論是誰，如果想要做個比較，研究綜合神祕學家各種不同的靈修學說，都不能忽略這些差異，否則的話，必會混淆不同的術語，結果使這個問題更加隱晦而非澄清。

現在我們已經確定了聖女大德蘭所說的默觀含意，我們要來檢視她把默觀劃分到我們靈修生活中的所在位置。

沒有默觀也能達到聖德

聖女大德蘭所寫的書中，有一本似乎很能滿足我們的好奇心。事實上，《全德之

10. P. Garrigou–Lagrange. *Perfection Chretienne et contemplation*, Saint-Maximin, 1923, p. 407, seq.

路》的寫成，是出於會母回答女兒們關於導向默觀之路的詢問。再者，大德蘭認為，以充分完整地解釋整個加爾默羅會生活的方式，來總結這個主題，是很合宜的。在這本書中，她仍是在女兒們的面前擺出崇高的完美倫理，這我們在第一章中已述說了。注意到這一點很重要，因為隨之而來的是，「默觀」被視為和至高的成全有關。

大德蘭是個大師，她深知維持崇高理想的藝術，同時又使導向高處的道路順暢，並且清除障礙。默觀的理想，亦即，在今世希望能歡躍於與天主共融的溫柔和愛中，無疑地，這會激發行走於此道路上的女兒們懷有慷慨之情。然而，許多的深思熟慮警告明智且有經驗的會母，不要以太絕對的方式指出如此高超的理想，才不致使學生感到失望沮喪，或陷入迷途，偏離正道。為此，對於默觀，她採取比較保守的立場。

因為她最最渴望的是建立穩固的基礎，所以，在尚未提醒她的女兒們，她們蒙召是為度完全捨棄自我和深度謙虛的生活之前，她不願觸及默觀這個主題。的確，大德蘭無法信任那沒有紮根於堅實德行的崇高祈禱生活。可是，即使她的超性直覺所要求的得到滿足後，到了直接談論達到默觀之路時，她覺得必須對她們說：「……但仍有些很重要的事，我還沒說，因為這與謙德相關，也是本會院必須具備的；因為這是祈禱的主要修行。」（全德17．1）這是怎麼回事呢？

在整部《全德之路》中，大德蘭都對我們談論默觀。在這條路的終點，她會向我們指明象徵神祕祈禱恩寵的活水。自然地，讀者們的眼睛必要朝向德蘭姆姆提出的終點，即他們內心渴望追隨同一的道路。他們的靈魂會伸展達及那些迷人的恩寵，他們會渴望那活水，大德蘭毫不遲疑地稱之為「目標」（同上19．14），這是她女兒們的生活終向。到了合宜的時候，她把這些神性的富裕展現在她們面前，她認為必須留給她們深刻的印象，於是在她的書中用整整的兩章，說明我們的主並非用同一方式引導所有的靈魂，以及，沒有默觀她們也能達到聖德。（全德17－19）「並非因為本會院人人修行祈禱，大家必定都是默觀者。這是不可能的。如果我們不是默觀者，又不了解這個事實——成為默觀者是天主的恩賜，我們會憂傷沮喪不已。既然默觀不是得救所必須的，天主也不做此要求，就不當認為有什麼人會這樣要求我們。因此，如果做了上面所說的，必不會達不到非常成全的境界。事實上，可能有人會得到更多的功勞，因為她必須更辛苦工作。」（全德17．2）總之，聖女不認為這些靈魂比別人的處境更不好：「沒什麼好怕的，也不用怕達不到像深度默觀者那樣的成全。」（全德17．4）不過，這裡的問題不是成全，而是聖德。「我們不說曼德是默觀者，然而，她並沒有因此而不是個聖女。」（全德17．5）所以顯然可見，聖女大德蘭的默觀不必和聖德有密切的關連。

但不要以為我們在此所談的是一些孤立的陳述。相反的，這是個成熟的看法，我們也在聖女大德蘭的其他著作中找到，尤其是她的神祕學傑作《靈心城堡》，她在那本書中盡可能地清楚說明這個觀點。此外還有許多完整充分的其他解說加以確證。

默觀不是達到成全唯一的路

在《靈心城堡》的第重五住所中，當大德蘭談到已經達到結合的靈魂時——事實上，第五重住所是屬於合路的起始——她強調說：「對那些未蒙上主賜予這麼超性恩惠（亦即神祕的默觀）的人，不要讓他們感到敗與失望是好事；真正的結合實在是能夠獲取的：藉著我們上主的助祐，如果我們努力求取，使我們的意志專注於天主的旨意。」（城堡5．3．3）我們在其他的地方已看到，靈修的成全在於人的意志和天主的聖意完全結合。聖女主張：「為了達到後面的住所，必須有我已說過的官能的休止，上主能經由許多道路致富靈魂，帶領她們達到這些住所，無須經過我所說的『捷徑』。」（城堡5．3．4）顯然地，導向結合的路不是唯一的，還有許多別的道路。

其中之一是「捷徑」，這就是神祕結合之路。後來我們要看為何它真的堪稱為「捷徑」，大德蘭同時也結論說：「這是可能的，不要懷疑這翕合天主旨意的真正結合。這個結合是我畢生所渴望的，是我經常向上主祈求的結合，這也是最清楚和最安全的結合……如果我們願意……，這是我們能力所及的。」（城堡5．3．5－7）

由此可見，神祕結合之路並非唯一的道路，大德蘭不只一次提到，不走「這條路」的靈魂，或那些走「別條路」的靈魂。（全德18．1）她堅持說：「至尊陛下並不是非給我們不可——如同我們遵守祂的誡命，祂要賜給我們光榮那樣。」（城堡4．2．9）她說：「這些是上主的恩典，端在於上主願意時，或祂怎麼願意，既不在於時間，也不在於服務的事工。……往往上主二十年沒有賜給某人默觀，卻在一年之內，賜給了另一人。至尊陛下自知其詳。」（自傳34．14）還有：「上主在祂願意的時候，按祂的意願而賜予，且賜予祂願意給的人，由於這些恩惠全是祂的，祂沒有委曲任何人」（城堡4．1．2）所以，祂如果沒有賜給我們，我們無須憂慮不安；最重要的是實行捨棄自我於祂。「女兒們，我們是祂的；讓祂在我們身上成就祂所願意的，帶領我們到祂願意的地方。」（城堡4．2．10）再者：「修女們，我認為最好的是，把自己放在上主面前，注視祂的仁慈和宏偉，及我們的卑微，讓祂隨意施捨給我們，無論是水或乾旱：祂最清楚什麼對我們有益。這樣，我們就可以安然自在，魔鬼也不會有這麼多機會來戲弄我們。」（城堡6·6·9）

因此，她勸告我們要完全順從天主的良善意願。她甚至說某些靈魂做得更多，不只捨棄自己而已：「我認得某些人，他們行走在愛的道路上，視為理當如此，他們只是為了服事被釘的基督；他們不只不向祂尋求享受神味，也不渴望，甚至祈求祂不要在今世賜給這些恩惠。」（城堡4·2·9）這些話表達得很清楚，聖女在這裡說的是灌注祈禱中所體驗的安慰。

所以，這是非常確定的，成全絕不在於神祕的恩寵和灌注的祈禱。有別的達到成全的道路。大德蘭說：「如果我們願意……，這是我們能力所及的」（城堡5·3·7）

默觀是達到成全的「捷徑」

雖然如此，大德蘭知道，如果以那樣的方式達到聖德是可能的，但卻不是容易的！「我不否認，有人依靠天主的助祐，使用一些作家寫的祈禱，及其原則和方法，靠著許多的努力達到成全和很大的超脫。但是，他們不會像上主在此境界中，以這麼短的時間，就能大功告成，無須我們方面做任何事情。祂決定性地從地上提拔靈魂，賜給他主權，統治一切世物。」（自傳21．8）

大德蘭從自己的個案中證明此事。一個神魂超拔徹底治好她的毛病，這是她多年來無法根絕的。當她回想到完美倫理的崇高理想，想到她全心渴望的徹底交付自我，同時也想到我們的軟弱，她謙虛地坦承：「人要是不知道自己蒙受天主的恩待，懷有做大事的精神，這對人的本性是不可能的。我們是這麼可憐，這麼傾向塵世的事物。人要是不明白他持有天堂事物的信物，會發現很難實際地憎惡世物，或超脫一切。藉著這些恩惠，上主賜給我們剛毅，這是我們因罪惡而失去的。如果一個人沒有天主愛他的一些信物，再加上活潑的信德，他必不會渴望被人輕視和厭惡，也不會想要有成全者具有的其他一切大德行。因為我們的本性是這麼麻木不仁，所追求的無非是眼前所看見的，因此，這些恩惠正是喚醒信德，也是加強信德。」（自傳10．6）即使提出的引言對我們顯示大德蘭的理想多麼崇高，然而在力求最英豪的德行時，也同時為我們指出，我們從神祕的恩寵中得到多麼大的助祐，使我們能在自己身上實現聖德：「如果這些恩惠來自天主，會充滿愛和剛毅，以致妳們行走此路時費力較少，也能在善工及德行上成長。」（城堡3．2．11）

因此它們真是一條捷徑！促使我們的靈修生活更容易些！沒有神祕恩寵，死於自我將更艱難萬分，而我們死於自我卻又是絕對必要的。「女兒們，妳們要細心留意，這隻蠶（即人的本性）必須死去，更要死於妳們的意志；因為，在其中（即神祕的結合），看到自己的新生命，非常有助於人死亡；在另一個結合中，由於仍生活在今世，我們必須致死這隻蠶。我承認，這個死亡需要費很多或更多的力氣，卻很值得。」（城堡5．3．5）然而大德蘭主張：「這是可能的。」（城堡5．3．5）可是，如果沒有默觀的幫助，這必定向我們要求許多的犧牲，然而，神祕恩寵為我們打開一條捷徑。那麼，這些恩寵是完全能渴望的。因此，對我們而言，最重要的是知道我們也可以有希望獲得，以及我們能做些什麼，好使這希望能更進一步地實現。關於這個雙重的問題，大德蘭會提出回答，使我們即使處在最深的謙虛中，仍不失滿懷的希望。

慷慨準備，天主大方回應

神祕的恩寵，正確地說來，和聖德並沒有密切的連繫。在大德蘭清楚而不變地說明之後，現在她同樣堅決地一再說，灌注的祈禱方式，通常是賜給力求圓滿成全聖德、且盡最大努力準備自己得到如此恩惠的靈魂。

首先我們要指明一個事實。大德蘭時常親自證明其首批女兒們的極度慷慨，她們中大部分都達到神祕的祈禱。關於這事，聖女留給我們二方面的證詞。第一個來自寫於一五七三年的《建院記》。那時已經建立有八座隱院。對於天主在這些修院中所行的奇事，大德蘭沒有三緘其口。「當我們榮福聖母的這些小鴿房開始定居下來，至尊天主開始彰顯祂的偉大於這些虛弱的小女子，然而她們的渴望和脫離一切受造物方面是強烈的⋯⋯，在她們所有的行事和交談中，這些修女們只關心著祂，而至尊天主好似不願離開她們。這正是我現在所看見的，能夠說事實如此⋯⋯天主賞賜給這些修院的恩寵如此豐沛，如果在每個修院內有一、二位是天主以默想之路引導她們，其餘的人全都達到成全的默觀。」（建院記4．5－8）四年之後，一五七七年，大德蘭寫她的《靈心城堡》，談到第五重住所和福境結合的祈禱（prayers of fruitive union）時，再次作證：「實則只有很少的人，沒有進入我現在要說的這個住所。」（城堡5．1．2）

那麼，大德蘭從何處發現這個事實的根本解釋呢？沒有別的，正是在天主的仁慈內尋獲的，無論何處，只要天主找到一個為祂妥當預備好的地方，天主總是在那裡通傳祂自己。大德蘭似乎透徹了天主的慷慨，看穿祂的祕密。她對我們的主說：「如果祢找到有意願接受祢的人，誰會比祢更喜歡給予呢？」（建院記2·7）當她想起天主的全能和仁愛慈祥時，大德蘭非常喜悅。「凡祂想做的事都能成就，也渴望為我們做許多事。」（城堡6·11·1）接著，當她記起來天主賜給某些聖人的大恩時，她加上：「啊！我的修女們哪！現今如同往昔，這位上主是如何準備賜給我們恩惠，甚至從某方面來說，祂更需要我們渴望接受恩惠，因為今非昔比，如今重視祂榮耀的人很少。我們都深愛自己……。」（城堡5·4·6）在另一處說：「當祂找到預備好的靈魂時，除了給予，祂不做其他什麼。」[11]的確，好似天主所等待的只是我們的「做好準備」，為能施惠於我們。我們知道大德蘭常說：「天主把這些恩寵給祂所願意的人，在祂願意的時候，按祂的意願」，不過大德蘭並非要除去我們善作準備所帶來的效果。「如我說的，因為上主賜給祂願意給的人，也給那預備得更好的人。」（自傳39·10）甚至她說到福境結合的本身時，她主張：「這是真的，天主賜恩給凡祂願意的人，但如果我們愛至尊陛下，如同祂愛我們，祂會把一切全給我們。除了要擁有蒙祂賜恩的人之外，其他的什麼祂都不渴望。」（城堡6·4·12）

11. 天主之愛的靈思6·1

因此，如果我們要得到神性的恩惠，我們的準備是非常重要的。無疑的，我們甚至能做點什麼，如果不是做全部，其實還是能做很多的。「在上主所做的工作上，我們什麼也做不了，不過，為了使至尊陛下賜給我們這個恩惠，我們能做許多的準備。」（城堡5．2．1）事實是，即使仍在今世，天主樂於賞報我們：「為了愛主之故，我的基督徒和女兒們，我們要從睡夢中醒過來，想想何以天主甚至不等到來世才來回報我們的愛。我的耶穌！報酬在今世就已開始了……」⑫

大德蘭堅決確信，嚴格說來，無論如何我們都不堪得到這些恩惠：「我們要清晰地明瞭真的事實：天主將之賜給我們，並沒有我們的功勞或參與。」（自傳10．4）她甚至說：「任何神修人，凡自認為，由於他修行祈禱多年，則堪當這些心靈的愉悅，他絕不會登上靈修生活的頂峰。」（自傳39．15）

為獲得寶藏，倒空一切

雖然天主的恩寵常是白白的恩賜，不過對於真正慷慨的靈魂，卻似乎常常不會缺乏之的。「當天主給一個靈魂這樣柔巧的感受，幫助她避免最小的毛病時，就好像祂在

12. 天主之愛的靈思4・8

靈魂內預備玫瑰花床，天主早晚會降臨於靈魂，且在靈魂內尋獲祂的愉悅。」⑬有時她甚至確定無疑地自我表達：「這是非常確實的，當我們倒空自己內所有的受造物，又為了愛天主而全然超脫，上主必會以祂自己來裝滿靈魂。所以，有一次，我們的主耶穌基督為祂的門徒們祈禱說，願他們與父和祂合而為一……而我們所有的人都可以進入其中，因為至尊陛下這麼說：『我不但為他們祈求，而且也為那些因他們的話而信從我的人祈求』，又說：『我在他們內。』……這些話是多麼真實！在此（神祕結合的）祈禱中親自目睹的靈魂，她們是多麼地徹悟！如果不是由於我們的過失，我們眾人會多麼地了悟這話，因為我們的君王、主耶穌基督的這些話是不會落空的！」（城堡7・2・7－8）

為此，聖女大德蘭好似相信，從某方面看來，神性恩寵必定和我們的準備息息相關。面對如此崇高的理想，她有很深的感觸，發出烈火般的言詞：「啊！我的女兒們！我們所放開的根本不算什麼，對一位這樣願意通傳自己給微蟲的天主，無論我們做了多少，或能做多少，都算不了什麼！而如果我們巴望，甚至在今生就享受這個福樂，我們在做什麼呢？在什麼事上耽擱不前呢？有什麼足以讓我們停留片刻，不去尋找這位上主，如同新娘在街上和廣場尋找那樣呢？啊！世上的一切是多大的譏諷！如

13. 天主之愛的靈思2・7

果不帶領和幫助我們達到這個目的。」（城堡6・4・10）那麼，加爾默羅會士是有福的，因為蒙天主的召叫，她的整個生活專注於尋求此一珍寶！「我們身穿加爾默羅會神聖會衣的每一位，全都蒙召投身於祈禱和默觀。因為這是我們的根源，我們是加爾默羅山聖父們的後代，他們在如此至極的孤獨中，這麼輕視世俗，他們尋找的寶藏，即是我們說的那顆寶貴的珍珠。」（城堡5・1・2）

每一個人都受邀

然而，我們不要認為，這個天主的召叫是保留給加爾默羅會士的。我們的主邀請每一個靈魂；聖女大德蘭一再這樣告訴我們。「請注意，上主邀請所有的人。既然祂是真理，我們無庸置疑。如果這項邀請不是全面的，上主就不會召喚所有的人，即使祂召喚了所有的人，祂也不會說：『我會給你們水喝』，也許祂可以說：『你們全都來吧！畢竟，你們毫沒有損失，至於那些我認可的人，我會給他們水喝。』然而，如祂說的，並沒有這個條件，而是給所有的人，我確信，凡沒有停留在半路的人，不會喝不到這活水。祈願上主，因祂是至尊陛下，按祂的應許，賜給我們恩寵尋求這活

水，一如應該尋求的。」（全德19・15）

† † †

聖女大德蘭的一生中，在她存有的深處，雖然朦朦朧朧地，卻能意識到天主的召喚。在她父親家中的一條通道裡，微弱的燈光下，大德蘭會駐足留步凝視著動人的圖畫，這是一幅主耶穌在雅各伯井旁的畫。⑭這個小女孩渴望著天主的恩賜，雖然她不知道自己所渴望的是什麼，她的口中喃喃地唸著撒瑪黎雅婦人的禱詞：「主，請賜給我這水。」（《若望福音》十五章15節）她多麼愛那位熱情的婦人，她是慷慨靈魂的典型，渴望著活水，而耶穌盼望把這活水給所有的人！大德蘭早年的生活中，她隨身持有這幅畫（《若望福音》十五章15節），後來在亞味拉和梅地納，隱院牆上懸掛著那迷人景色的圖畫。當姆姆們和女兒們看到畫時，在默觀理想的光明中深知此畫的含意，她們會渴求說「主，請給我這水」。我們的主怎能拒絕把活水給這些慷慨的靈魂呢？她們尋求活水，「視之為該盡的本分」。

儘管聖女大德蘭的言辭令我們著迷，甚至鼓勵我們懷有希望能達到活水，不過，

14. 此畫至今仍保存在亞味拉聖若瑟隱院。聖女在父親過世後，從家中搬來此畫，時為1543年。

其中仍然有個疑問。先前她清楚地一再說，沒有灌注的默觀，我們甚至也能達到聖德，那麼，這兩種說法如何協調呢？在此我們所面對的豈不是個矛盾嗎？如果我們的主邀請所有的人從活水中飲水，而且許諾要給充分準備好自己的所有人喝，我們怎能說還有條導向成全之路，卻無須享有神祕的祈禱呢？

我們很幸運，因為聖女大德蘭覺察到她表面上的矛盾立場，而且還把困難提示出來：「好像和我之前說的互相矛盾；因為，當我安慰尚未達到默觀之境的人時，我說上主有各種不同的途徑，使人藉以走向祂，正如祂有許多住所一樣。」（全德20・1）不過，可別以為她願意取消她以前說的；相反的，她繼續說：「我再重覆說。」因此，整個問題依然存在。資料已確實擺在面前，現在該是由聖女來指示我們，她所教導的是前後連貫的。

路有好走難行，水泉有大有小

事實上，她提供我們雙重的解答。首先，她指出：天主安排許多達到祂的道路，祂願意幫助我們的軟弱。為什麼說到軟弱呢？理由似乎很清楚。大德蘭堅決主張，為使靈魂獲致默觀，必須完全捨棄自己，此外，默觀者必須受許多痛苦（她比聖十字若望先一步提出這點）。天主沒有強迫所有靈魂行走如此崇高和艱辛的道路。但是，祂也沒有禁止任何人渴望這樣做；祂甚至邀請所有的人朝向那裡走。聽聽大德蘭說的：「可是祂沒有說：『有些人走這條路，其他人走那條。』相反的，祂的仁慈如此之大，凡努力來到這生命之泉，飲用這水的人，誰也不會被禁止。……非常確實地，祂不會禁止任何人，相反的，祂大聲呼喚，公開地召叫我們……」（全德20・1－2）

天主召叫每一個靈魂，而且，不禁止任何人，但是，祂並不強迫我們，祂顧慮到我們的軟弱。我們在此面對**聖召**和**人自由回應**的奧祕。甚至那些道路，雖比不上默觀之路那麼崇高，且常有痛苦，也能達到成全。為此，對於自願選擇艱辛的道路，只因那是「直路」的靈魂，天主似乎應該為她們保留祂的「捷徑」。在這條達到聖德的崇高道路上，我們和默觀相會。在此我們有了分別二種靈魂的第一個理由，但還有另一個理由，我們必須細心地探究。

如果天主要給所有的人喝，但祂卻好像沒有要給所有的人同樣程度地解渴。我們來聽聽大德蘭說的：「祂以各種方式，讓想要追隨祂的人有得喝；沒有人會得不到安慰，也不會有人渴死。因為從這豐沛的水泉湧出溪流，有的大，有的小；有時小小的一灘水，為小孩子已經足夠。」（全德20．2）所以這是有可能的，從水泉裡喝水，卻沒有得到許多水。聖女確信這事，凡妥當預備好的靈魂都可以喝到。「修女們，你們不要怕會在這條路上渴死。」（全德20．2）但這並不是說，妳們都不必受點乾渴的痛苦。「若是上主這樣帶領妳們向前邁進，在今生，妳們還是有些乾渴，那麼，在永生的來世，祂必給妳們豐沛大量的飲水，不用害怕會有所缺乏。」（全德20．2）她甚至正式地假定一個情況，亦即所有的水好似都為來世而保留，她說，「如果祂仍不賜給妳們默觀，祂必會為妳們保留這賞賜，等到在天堂一次賞給妳們。」（全德17．7）

權威的個人經驗

那麼，如果這靈魂只得以從小溪流喝到水，或如果她從活水泉只喝到一小口，我們是否說她享有默觀的恩寵呢？倘若我們對「默觀」一詞的解釋，包括聖神默觀神恩的灌注光明在內，就像現代的多瑪斯學派主張的，那就沒有什麼困難了；可是如果按我們所瞭解的默觀，按大德蘭及其學派的觀點，神祕祈禱的各種方式被稱為「寧靜的祈禱」、「官能的睡眠」，還有最主要的，神祕的「結合」，我不認為我們能說滴滴細流的水能產生如此深奧的神祕經驗。因此，我們無法結論說，所有慷慨的靈魂必定達到如此的默觀方式，她們中極少能被導入這樣的默觀之路，亦即經過一連串灌注的祈禱，引導靈魂達到神婚，如同聖女大德蘭和聖十字若望所敘述的。因此，這靈魂可能沒有得到所謂的神祕祈禱，不只因為她沒有行走於崇高的默觀之路，而且也因為天主認為不宜於減輕她的口渴，如不然，就是給她喝小口的水。所以我們可以說，有一條導向聖德的道路，甚至是達到成全的聖德，嚴格地說來，無須經過神祕的祈禱。這條路通常似乎是天主特別為過活動生活的靈魂所預定的。

為此之故，大德蘭所寫的，有關我們的準備和賜予默觀兩者間的關係，容許有比較廣泛的解釋。有時默觀的恩寵可能很有限度地給靈魂，不致讓靈魂意識到被動，而對大德蘭而言，被動是神祕祈禱的特質。

雖然如此，我們似乎覺得，如果總結說如此情況是常有的，則會反對聖女大德蘭的意見。她確實從個人的經驗中權威地發言，我們也看到她如何觀察了她的女兒們，她們慷慨的捨棄，和認真地收心，通常得到神祕祈禱的賞報。此外，她在所寫的書中指示我們，對於真正做好準備的靈魂，默觀是可以達到的，這明顯地暗示著一般所謂的神祕的經驗。⑮那麼，如果我們要忠實地解釋她的思想，我們必須說，在徹底慷慨

15. 例如她說：「既然我們可以有希望在今生獲享如此大恩，我們在作些什麼呢？」（城堡 6・4・14）

的靈魂所追隨的最崇高的聖德之路上，神祕祈禱雖然不是必須的，但卻是普通的。這也是德蘭神祕學派採取的傳統立場，馬德里德蘭學會（Teresian Congress of Madrid）明確而系統地予以界定。⑯

身體痛苦，靈魂卻喜樂

知道了天主多麼切望通傳祂自己給靈魂，祂如何召喚她們達到活水泉，而且，通常祂賜給真正慷慨的靈魂神祕的祈禱，且容許所有的人喝活水，至少喝到微量的活水，那麼準備並使我們適於接受天主的恩賜，對我們是多麼有益的事，誰能不明白這事呢？為此，大德蘭熱切地推薦我們這樣做：「要確信，如果妳們竭盡所能，以前面所說的全德為默觀做準備，……我相信，如果真有謙虛和超脫，祂不會不賜給的。」（全德17．7）「請注意，我說，我們全都要努力成為默觀者，因為我們在這裡並不為其他的理由。」（全德18．3）

為此，知道這個準備是由何構成，這是個引人入勝的課題。大德蘭一再告訴我們，這個預備在於完全、絕對地放棄自己，交付給天主；就是說，完全捨棄自我和一

16. Tema V.5:「Resulta y de la virtud camino ordinario de la santitad y de la virtud habitualmente heróica.」Cf P. Chrisogono de Jesús Sacramentado. La escuela mística Camelitana Madrid–Avila, 1930, p.289。

切世物，同時懷著愛，全心事奉天主。在她的著作中，我們時常遇到這個原則，以最多不同的方式表達出來，亦即只有慷慨的愛能征服天主的心，和強迫祂把祂自己給靈魂。「除非人完全給出自己，否則這個國王不會給出祂自己。」（全德16・4）還有在別處：「除非我們完全給出自己，祂也不會把自己完全給我們。」（全德28・12）不過，除了這個消極的說法，我們也找到積極的：「這實在是確實的，天主以此方式，把自己給予那為祂捨棄一切的人。」（全德27・12）還有：「當天主看到一個靈魂完全是祂的，而且事奉祂毫無私愛的動機，祂會持續不變地，以許多不同的方式通傳祂自己。」[17]再者，也以這樣細膩的說法：「拒絕把自己給那已交付自己給祂的靈魂，不是天主的習慣，祂甚至不能這樣做，或者，也受不了如此。」[18]

如此即是為默觀做真正的準備：完全交付自我。此外，這個真理似乎極其安慰我們，且給我們很大的力量。的確沒錯，我們已在第一章中看到，絕對的自我給予，引導靈魂達到至高的基督徒全德。那麼，如果天主不認為惠賜我們神祕結合是合宜的，我們所修持的準備工作，必會引導我們達到成全翕合主旨的結合，這比神祕結合本身更為寶貴。所以，我們絕不會白費力氣，徒勞無功。大德蘭說：「要相信，凡真有謙虛之處，即使天主從不賜予禮物[19]，天主仍會給予平安與和諧，使之更滿足地行走，

---

17. 天主之愛的靈思5・6
18. 天主之愛的靈思5・6
19. 禮物（regalos）：同時含有愉悅和享受的意思。

勝過其他享有禮物的人。」（城堡3．1．9）再者，我們絕不可以為默觀是最後的終點，大德蘭從未同意這一點！她在《靈心城堡》最後住所結尾時一再地強調：「修女們，上主在這世上賜予這麼多恩惠，告訴妳們其目的何在，該是很好的。……免得有人以為，恩惠只是為了取悅這些靈魂……我認定，這些恩惠是為了堅強我們的軟弱，為能在祂極度受苦方面效法祂。」（城堡7．4．4）再者，「（施予這些恩寵的理由）是為了什麼呢？是為了使她們睡覺嗎？不！不！不！從那裡（即靈心深處），靈魂發動更多的戰爭，使得官能、感官和整個身體都不得閒散，超過從前所遭受的。」（城堡7．4．10）因此，默觀恩寵本身的目的是引領我們更完全地自我交付。這可憐的身體裡住著一個沉醉於愛的靈魂，大德蘭不能不稍表同情，她帶著諷刺的口吻說：「這樣，（這個身體）活著時，會有很不幸的命運；因為，無論她做多少，內在的力量愈大，給她的戰爭也愈多，所做的一切，她都覺得微不足道。」（城堡7．4．11）的確沒錯，在聖人的個案中，靈魂的喜樂往往是用身體的痛苦換取來的，雖然如此，聖人們都不後悔。

綜觀整個的旅程，我們總會一再發現被釘耶穌的慷慨愛人——聖女大德蘭，她願意「完全給出自己」。默觀是如此的寶貴，因為它使我們更慷慨，更大量地「給出」

自己；因為它使我們能堅強地承受痛苦。大德蘭希望使我們愛上這達到聖德的極好幫助，當她寫到這些恩寵時，她巧妙地自承說，我寫作的唯一目的，「除了服從之外，我還願意吸引靈魂得到這麼崇高的福分。」（自傳18．8）

渴望受苦 VS 享受神味

雖然如此，她卻沒有要我們強迫自己得到這些恩寵，而在結論時，我們希望堅持這一點。因為在這方面，聖女大德蘭的教導好像不夠被人注意。我們會有機會在別處指明，她如何盡全力指責以猛力獲取默觀，不過我們同時會樂於指出，聖女多麼細心地予以調適，即使是我們對這些神性恩惠的渴望。第三重住所是進入神祕恩寵前的最後階段，大德蘭在那裡對這些靈魂說，發現「我們國王的居所的門對她們關閉，她們會忍受不了。」聽聽她如何責備這些人：「我的女兒們，進入靈心的內室；超越妳們的小小工作……妳們不該祈求自己不配得到的，也不該讓『我們堪受此恩』的想法侵入，無論我們曾經服事多少，因為我們都曾得罪過天主。……無疑地，如果在此赤裸和超脫一切中，恆心堅忍，必會得到所追求的。不過，這必須是有條件的，請留意我要勸告妳們的這件事，即妳們要自視為無用的僕人，……妳們不要把責任推給我們的上主，要祂賜予這些相似的恩惠。」（城堡3．1．7－8）

到了下一重住所，她仍然重覆地說：「單憑我們可憐兮兮的服事，就認為應該得到那麼大的恩惠，這是有點兒缺少謙虛……得到這些恩惠的真正準備，在於渴望受苦和師法主基督，而不在於享受神味。」（城堡4．2．8）大德蘭勸我們培養謙虛，此乃得到天主恩惠的最佳準備，接著她又說：「是否有謙虛，首先要看的是，不要想妳們堪當從上主得到這些恩惠和享受神味，要想妳們不配在今世獲得。」（城堡4．2．9）

因此，我們必須準備，使自己適宜於默觀；我們要好好地開始努力修持準備，因為很有希望從天主那兒得到默觀，倘若我們能確定我們所做的準備是正確的。藉著這條「捷徑」，我們會更快達到聖德，雖然如此，我們千萬不可太執著於此，只要做了必須做的，我們就該滿足於從主的桌上掉下來的些許碎屑，總不可要求更多的什麼。我們絕不可忘記，這恩寵完全是白白給予的。「這些是上主的恩典，端在於上主願意時，或祂怎麼願意，既不在於時間，也不在於服務的事工。」（自傳34．11）「上主在祂願意的時候，按祂的意願而賜予，且賜予祂願意給的人，由於這些恩惠全是祂的，祂沒有委曲任何人」（城堡4・1・2）再者，即使沒有默觀，我們也能達到聖德，亦即成全地翕合主旨的神性結合。聖女大德蘭說：「這是可能的，不要懷疑這翕合天主旨意的真正結合。」（城堡5・3・5）

成聖的方法不只一種

當聖女大德蘭思索默觀與聖德之間的關係時，**她同樣強調一點：默觀並非達到聖德絕對必須有的，而徹底慷慨的靈魂通常得蒙默觀的神恩。**

默觀並非達到聖德必須有的，不過默觀是達到聖德的一個強有力的途徑。如果我們已蒙受默觀，就是已有了更好的恩賜，超過達到成全所嚴格要求的條件。的確，我們得到極多的助祐，使我們能更快地行走在導向聖德的道路上。正為此故，神祕的默觀可稱之為捷徑；然而，為此相同的理由，我們必須記得，這是天主白白給的恩賜，正確地說，是我們不堪當的。對於那些確實必須的，我們可以說有權索取，但對於額外的則非如此。

然而，由於天主就是仁慈的本身，倘若在我們方面，我們願意去做能力所及的，調適自己接受主恩，祂總是施恩給我們，甚至是極大量地賜予。因此，祂邀請我們以捨棄自我和不斷收心來預備領受祂的恩賜。如果我們接受這個邀請，誰能阻擋天主的仁慈來完成祂的工作呢？

雖然如此，天主仍然是自由地施予，祂並沒有完全許諾給我們。祂沒有屈待任何人，祂能慷慨大量地施恩，「在祂願意的時候，按祂的意願而賜予，且賜予祂願意給的人。」聖女大德蘭主張，祂絕不會拒絕完全準備好的靈魂，不給她默觀的活水，不過，可能是這樣的，有的人只得到「幾口」，他們甚至還有些口渴，然而有的人則得到多些滿足。所以，若是企望以猛力迫使我們進入神性恩寵的道路，必是一種僭越，而且是不被許可的。最重要的，當事關默觀祈禱的某些方式或其他什麼，或是這樣、那樣的方法，或今天、明天的什麼，我們必須捨棄自我於天主。再者，天主從不缺少幫助我們成聖的方法，祂知道如何引導慷慨的靈魂，甚至帶領她們達到極高的聖德，而無須經過所謂實際體驗的神祕祈禱。另一方面，天主並沒有帶領所有的靈魂走最崇高和最艱難的道路，此路直達至高頂峰，其間荊棘叢生，豎立著無數的十字架。尚有較次等的聖召，雖說如此，所有靈魂都蒙召達到崇高的境界，亦即我們說的聖德。

二條道路達到成全

綜合聖女的這些教導，德蘭學派區分成全的雙重道路：普通的道路和神祕的道路，亦即默觀之路。普通的道路對灌注的默觀一無所知，這是指大德蘭所敘述的灌注祈禱，不過並非沒有灌注的恩寵。天主邀請眾人來喝的活水，天主聖神藉默觀神恩傾注光照，決不會完全不給慷慨準備自己的靈魂。這些神祕恩寵不常是如此豐富和猛烈，使人能有意識地覺察出來，或長時間地把人放在實際體驗的被動狀態中；但雖然沒有導致靈魂達到大德蘭所說的神祕祈禱的被動境界，默觀神恩的影響仍可能是非常真實和常有的，甚至可以遍布於一個聖善靈魂的一生。

另一方面，正確地說，所謂神祕祈禱的境界，是屬於「神祕之路」的，引導靈魂達到神婚。靈魂逐漸地愈來愈明白天主正在她內工作。從同一個活水泉源中，其他的人也喝到了活水，但卻不是豐足的，可是默觀的靈魂得到充足的供給，聖神的啟迪強烈而豐富，清楚地顯示給領受者。經過旅途的不同階段，旅行者達到了神化結合的幸福境界，靈魂由此知道，她真的是主的新娘，在一個永恆的擁抱中和祂結合。

德蘭學派並不否認，在某種方式下，可在所有真正聖善的靈魂中發現默觀的恩寵，不過卻習慣地保留「灌注的默觀」這個語詞，意指在神祕祈禱中，靈魂知道天主在她內行動，並且感受到被動。但是，即使是這個意義比較狹小的灌注默觀，仍然不是特殊的恩寵。不是的，所有的靈魂都被邀請得到它，而它無非是超性生活的唯一圓滿。**它是一個白白給的恩寵，但卻不是一個恩寵白白的給**。它是屬於發展靈魂聖德的恩寵；它形成最圓滿的靈修生活中非常卓越的活動；因此，本學派的作者共同地看到在福境結合的崇高默觀中，今世的超性真福。

聖召不同，發展不同

結果，他們認出超性生活的深奧合一；甚至連最高超的神祕祈禱都屬於靈修生活中本來應有的成全境界。德蘭靈修學派的教導，不像現代的多瑪斯學派，探究靈修生活的進展時，以抽象的方式，或以一個理想的靈魂作為對象；德蘭學派比較著重於進展中遇到的變更，按不同的聖召，各有其發展。不是所有的人都蒙召達到同一高境，也不是全部都要達到唯一和相同的生活方式。可以說，個人的聖召必然明顯地影響到他超性生活的發展。如果要建立我們的綜合學說，而不考慮默觀恩寵的進展可能有的

20. 為此，關於默觀和成全之間的問題，德蘭學派遵循中庸之道，界於本章開始時提出的二個潮流之間。按大德蘭的觀點，嚴格說來，本學說主張神祕默觀不是達到聖德必須有的，我們承認另有導向成全的道路。無論如何，此學說肯定神祕默觀無非是超性生活的至高形式，這不是神恩或奇蹟之類的特殊恩寵，而是所有蒙召度完全慷慨獻身生活者的通常（ordinarily）的終點。因此，如同多瑪

不同樣式——這是來自許多靈魂的經驗——那麼必是不明智和反科學的，尤其是，當其比較直接的目的是去指導人靈修持超性生活時。習慣上，德蘭學派直接關心的是指導發願度祈禱生活的靈魂。可以說特別獻身於此，或許不是那麼高超，不過，對於超性生活卻是很重要的。自然而然地，如此專注於此獻身服務，必會影響到德蘭學派的教導結構。

為了這一切的理由，事實上，顯示出這個教導並非和現代多瑪斯學派的靈修生活綜合學說相衝突。多瑪斯學派綜合學說的中心思想，亦即灌注默觀的「正常性」理論，傾向於強調靈修生活的深奧合一，這是德蘭學派的教導所公認的。然而以抽象的方式作明確系統的說明，如此的理論可能會有失之僵硬之虞，顯出幾乎無法和經驗的事實相容。相反的，分別兩種不同的道路，對於默觀祈禱和福境結合，神祕的道路是圓滿的，而普通的道路是真正的分享，這更明顯地說明聖神的光照可以有不同的方式，然而基本上仍然是同一的。因此我們認為德蘭的學說不只很實用地補足，而且甚至闡明現代多瑪斯學派的靈修生活綜合理論。⑳

斯學派，德蘭學派公認靈修生活的基本合一。甚至可以說，它不反對多瑪斯靈修教導的中心思想，亦即著名的灌注默觀的「正常性」（normality）。的確，本學派承認所有聖善靈魂藉著七恩得到聖神的光照，不過，它更直接地顧及聖神七恩的光照施惠於靈魂的各種不同方式。一個靈魂可能時常得到短暫和隱藏的啟迪，此路乃由不同的神祕祈禱方式所構成的。

在此塵世，享有天上福樂？

再者，其呈現於靈魂面前的卓越默觀理想不會稍減其活力。不會的，甚至灌注的默觀也不是我們不能想望的特殊恩賜，或像保留給一些稀有特恩人士的恩賜，打入冷宮且封鎖起來。它是我們靈魂最合法渴望的終點，確實是因為它構成靈修生活的至高活動，且是最有效的幫助，引導我們達到倫理的成全，把自己完全給予天主。雖然如此，靈魂是在最謙卑的姿態中被置於這個理想前；因為默觀是一個白白的恩賜，不是天主必須在今世給我們的報酬，嚴格說來，這個賞報並不在於我們的功勞，靈魂絕不可妄自以為有權索取，甚至如果天主不施予恩惠，靈魂仍要心滿意足。不過，如果德蘭學派的作者禁止所有僭越的要求，他們卻大聲地宣布，謙虛而熱切地渴望這個神性的寶貝是合法的；有的人甚至教導說，我們應該熱望和追求灌注的默觀和福境的結合。此人非他，正是本學派的導師——聖女大德蘭。「我的修女們，要常常向上主祈求，因為在此塵世，我們能以某種方式享有天上的福樂，求祂賜給我們祂的恩惠，不致因為我們的過錯而失掉什麼，求祂顯示給我們這條道路，賜給靈魂力量，使她能持續地挖掘，直到尋獲這隱藏的寶藏……不過，女兒們，請看，為了享有我們說的這些恩惠，天主願意妳們無所保留；無論是多是少，祂願意妳們全給祂；按照妳們自己所知道已經給予的，妳們會得到較多或較少的恩惠。」（城堡5・1・2－3）

是的，天主慷慨地對待慷慨的靈魂！

第三章

《全德之路》：靈魂如何在聖化工作中與主合作

這位加爾默羅靈修大師的形像，開始清楚地呈現在我們面前。聖女耶穌德蘭是真正偉大的靈魂，她毫不設限地渴望完全和慷慨的靈修生活。她在聖教會中興起了心地寬大的後代——深邃且廣闊的生命之流，天主聖愛的江河。大德蘭渴望愛得多，且使愛（亦即天主）被愛。

對聖女而言，愛就是把自己全給天主；教導人去愛，意即把他們放在完全犧牲自我的道路上。對於慷慨的基督徒靈魂，大德蘭提出她「成全」愛德的理想：在心愛主的聖意中埋葬自己，失落自己，為祂的利益，為聖教會完全犧牲自己。

然而，深懷大愛的心必須和心愛主很親密。愛人渴求以愛還愛，愛必須以愛來回報。大德蘭確信此事：如果天主希望我們全心愛祂，祂必定準備好要賜給我們祂的親密友誼。她相信天主召喚靈魂達到默觀。耶穌召喚所有的人來到活水泉旁，對那完全慷慨的靈魂，祂會給她們喝活水，如果不是喝到很多，至少不讓她們渴死。專注熱烈地愛，大德蘭一再說：「主，請給我這水！」她教導我們那令人欣慰的道理：當靈魂行走於完全超脫的道路上時，完全慷慨的靈魂通常被導入神祕的默觀，復興她的力量，鼓舞她的勇氣，激發她的活力，顯示給她愛的新領域，無邊無際。靈魂的新生命誕生了，圓滿、深邃、廣闊。她深感幸福，她被擴大了。她要多麼熱切地為聖教會祈禱！為她心愛主的利益祈禱！沉醉於愛的靈魂已處於默觀的愉悅中！那正享受著與主親密共融的靈魂，要多麼慷慨地犧牲自己和祂同在！

愛、被愛、使愛（亦即天主）被愛，這是大德蘭學派的整個理想。因為這是聖女教導我們導向如此理想的道路，也是她所有寶貴著作的目的。

其中有一本書特別使她的修會家庭著迷，真可說是百讀不厭，每次再讀總是受惠良多。這是聖女著作中最謙虛的一部作品，書中她如同母親般地說話，沒有過於深入探索神祕之路，她完全負起訓練女兒們的責任。這本書因修女們的請求而寫，她的意向是為教導她們靈修，大德蘭稱之為《全德之路》。

大德蘭為自己設計，也適合你

本書為大德蘭教導女兒們的精華摘要。她是個無與倫比的大師，運用藝術和巧妙的筆觸，啟發她們修行成全愛德的生活，這生活是她為自己設計的。這是一份很有價值的文件，不只有益於加爾默羅修會家庭，從中還可以找到如何度徹底、慷慨的獻身生活，是實際、具體和適於隱院生活環境的指導。既然加爾默羅會的生活和基督徒生活追求的目標相同（雖然它是以最整合和圓滿的角度來考量後者），那麼它也有益於所有的靈魂。所以，聖女所給我們的，具有隱院環境的教導，也適用於其他的生活方式，不致有太大的困難。這位大師所指示的修持方法，大部分取自超性生活的普通傳統，稍加緩和即可適用於其他的修會或在俗人士，他們也是努力地以全心愛天主，且以可能親密的結合來親近天主。我們相信如果勤加閱讀這本珍貴的小書，必有益於許多的基督徒，因此願以整章的篇幅來闡明這本書。

此外，這是研究聖女大德蘭傑出作品《靈心城堡》的最佳準備，按我們的看法，《靈心城堡》是補充《全德之路》的著作。事實上，《全德之路》特別著重於靈魂在聖化工作中的合作，而《靈心城堡》則從另一方面談論天主的神性動作，天主常以之施行於慷慨的靈魂，為能在短時間內，提拔靈魂達到高超的成全。

因此，如果我們要從聖女的教導中獲得最大的益處，尚未踏入神祕城堡的門檻之前，我們必須先細心地探索達到那裡的《全德之路》。聖女大德蘭深深著迷於默觀的理想，完全確信：如果我們要達到默觀，有正確的準備很重要的。所以她極其認真地教導她的女兒們具體、實際的修持法，使之能確實做好準備。同時，我們更明確地看出來，對那些追求默觀的人，德蘭姆姆向他們要求多麼大的犧牲，那麼，我們可能就不會覺得太奇怪，對於那些完全把自己交給天主的靈魂，天主應該會更樂於給出祂自己，且因他們而感到歡樂喜悅。

我們已經強調了本書的特性及其邏輯結構，我計劃簡潔地說明她所教導我們的，關於渴望在與天主親密上進步的靈魂，其修行的主動部分。

迷人聖女的深奧邏輯

有時候，人們說《全德之路》是一部克修的著作。如果這個「克修」指的是，靈魂努力清除所有與主結合的障礙，藉著主動地高舉自己的官能想天主，愛天主而親近天主，那麼，我們十分同意這說法。的確，這正是本書的特色，書中大部分在於解釋**修行捨棄自我和普通主動的心禱**；不過，為了避免誤解本書的特性，我們必須記下來，所有關於默觀祈禱所敘述的克苦修行。**我們在此面對的是默觀的克修，特別屬於追求默觀的靈魂**。由於這是我們視之為極重要的一點，因此現在是清楚加以證明的適當時候。我們將在這本書的結構中尋求證實，為相同的理由，我們將解釋其架構。

我們已指出，何以大德蘭的書時常離題旁論，也沒有依循良好的寫作計劃，即使如此，她的著作仍具有深奧的邏輯。我們甚至採本溯源，追蹤此一深奧邏輯，達及這位迷人聖女的實際生活，她的**透徹直觀**和**熱烈切望**主導她全部的活動，引導她的筆，寫下精彩的篇章；她有時寫寫停停，間隔數月之久，無暇再讀一遍，雖如此，書中卻隱藏著前後連貫與和諧一致的合一性。《全德之路》的章法尤其是這樣的，此一結構對匆忙的讀者並非顯而易見，然而經過耐心的解析後，可以清楚地看到，這是一本默觀靈修生活卓絕的綜合學說。

這部著作的宗旨是訓練發願度祈禱生活的靈魂，可劃分為三個部分。第一部分以深具活力的筆法描述加爾默羅會士——真正祈禱靈魂的肖像；第二部分是解釋祈禱生活的基礎，亦即修持卓越的德行。第三部分是學習主動的祈禱。

守住那最重要的一條規定

我不知道，如果我們告訴聖女大德蘭，她的《全德之路》大致上採用與《神學大全》卷二相同的原則，是否會使謙虛的大德蘭臉紅；或者由於她是個深明事理的人，可能會一笑置之。我更樂於設想她會是很高興的，因為她欣喜於許她寫書的神學家們的讚賞。有一天，她對葉培士神父（Yepes）說：「博學者告訴我，那確實使他們想起聖經。」

天使聖師多瑪斯在《神學大全》卷二的開端，論及人的行動之前，他先把生命的終結置於我們面前。聖女大德蘭亦然，其《全德之路》的整個架構奠基於考量女兒們必須達到的目的。本書洋溢著靈性和生命。第一章描寫德蘭隱院修女的理想肖像——她是天主的親密朋友，唯獨屬於祂，為祂的利益，亦即為祂的聖教會，祭獻自己的生命。她是祈禱的天使，為戰鬥者祭獻自己成為祭品，好使她能為他們贏得勝利。由於祈禱是她必須藉以共同合作的方法，為使她的祈禱更強有力，大德蘭的女兒們致力於成全地悅樂聖心，使之必然恩賜她所求的一切。

加爾默羅會士心懷大志，聖女大德蘭寫道：「我的女兒們，妳們已經看到了，我們所要努力達到的偉大事業，為了不要在天主和世人眼中顯得非常冒失，妳們想我們該當如何呢？」（全德4．1）她繼續回答這個基本的問題，指出女兒們必須追隨的道路，好能成為「真正祈禱的靈魂」。我們將會看到，她有意領導她們達到祈禱生活的至高等級。大德蘭絕不會半途而廢的。

現在我們進入這本書的第二部分。聖女具有極其健全正確的判斷，她從自己修會的法規中尋求必須的指導。她說：「我沒有請求妳們做什麼新的事情，而只要我們守好已誓發的聖願；遵守會規和會憲是我們的聖召和責任。」不過，她再加上：「雖然在遵守的程度上有許多層次。」（全德４．１）

事實是這樣的，守會規時可以很慷慨，也可以很不慷慨。一個靈魂可以為了不犯罪，只墨守成規，或者，也可以為了圓滿深入修會的精神，心胸寬大，多行善工，超越法規。由於心懷遠大志向的人必定熱切地投入工作，聖女大德蘭說：「很明顯，我們必須辛勤工作，這極有助於獲得崇高的思想，鼓舞我們，致使作為也與思想一樣崇高。」（全德４．１）

從一開始我們就發覺，靈魂處在慷慨的氛圍中，所度的是成全和圓滿的生活。不過，我們也同時看到這生活的主要和中心職務是祈禱。「我們的《原初會規》規定：必須不斷祈禱。如果我們盡可能全神留意，修行不斷祈禱——因為這是會規上最重要的，那麼，必不會失去會規所命令的齋戒、克苦和靜默。因為妳們已經明瞭，如果祈禱是純真的，必須有其他的事輔助；祈禱和舒適的生活是互不相容的。」（全德４．２）

祈禱伴隨著克苦，伴隨著補贖神工，意即在靈魂內培養慷慨的精神：此即加爾默羅會生活的基本修持。當然，聖若瑟隱修院的修女們，希望德蘭姆姆教導她們的確實是祈禱（全德4・1）。不過，她的這些好女兒可不是這麼容易滿足的！她們要求聖女講解的無非是「達到默觀的道路」。（全德16・3）

德蘭姆姆並沒有拒絕，相反的，她確實渴望滿足她們。事實上，她願意幫助女兒們成為「天主的好朋友」（全德1・2），她所渴望的無非是「經常唯獨和祂獨處（自傳36・29）」。像這樣的生活即是在為默觀作基礎的準備。大德蘭是個聰慧的聖女，她將奠定堅固的地基：「在我述說心靈之事，也就是祈禱之前，我要提出一些追隨祈禱之路的人必須具備的條件；這些事如此必要，甚至，即使不是非常默觀的人，能夠具有這些德行，她們也能在事奉天主上突飛猛進。除非具備這些條件，她們不可能成為很默觀的人……。」（全德4・3）

愛的棋子包圍愛的國王

聖女大德蘭以基督徒生活本身做為開始，指示導向默觀的道路。談論與天主的親密友誼之前，她先提出來三個德行，如果完善地加以修持，必會使靈魂超脫整個世界和她自己，即：非常細心的姊妹之愛、超脫一切受造物、深度的謙虛。以愛主之情來修持，這些會引導靈魂達到真正「心靈的赤裸」。

然而，要求這麼絕對的棄絕，豈不是過於誇張嗎？大德蘭才不這樣想。「我所說的一切，妳們不要以為太多，如人們所說，我才擺設好（下棋的）遊戲。」（全德16．1）西洋棋盤！多麼奇特的話語！聖女用來教導加爾默羅會隱修女！修女們會很驚奇地聽她說到遊戲，甚至連大德蘭也是這樣認為：「我所提的遊戲，不但我們會院中沒有這玩意兒，我們也不該有。由此可見，天主所給妳們的姆姆，她甚至連這種虛榮的玩意兒也知道。」（全德16．1）雖然如此，她仍教導我們善用下棋的戰術（全德16．1）；她會講解如何下「攻王棋」和「圍擒」愛的國王。「圍擒」我們的主，意思無非就是勉強祂惠賜默觀的恩寵。那麼，我們不是藉著普通的德行達到這個目的的；這些德行必須以更高的等級來修行，「我的女兒們，妳們會說為什麼我要對妳們談論德行呢？……我說，如果妳們求問的是默想，我已經對妳們談過了，也勸導大家修行默想……然而，女兒們，默觀是另一回事。」（全德16．3－4）達到默觀，或者，如大德蘭以打趣的口吻說的「圍擒」人心的國王，我們必須絕對地交付自己。「除非人完全給出自己，否則這個國王不會給出祂自己。」（全德16．4）

由此顯然可見，即使是她書中確實最具有克修的部分，仍不忽略默觀；聖女大德蘭要求如此完全的超脫，正是因為這是神祕祈禱的正確準備。

現在到了開始第三部分，直接專注於探究祈禱生活。這一部分更加清楚；帶領靈魂達到神祕祈禱的思想，主導了這一部分。

通關密語：主的禱詞

開始的幾章，即第十七至二十章，用來解答默觀和聖德之間的深奧問題。確實是在這個階段，聖女更特別的談論它，更徹底地傳授她那巧妙平衡的解答：默觀不是達到聖德絕對必須有的；經由不是那麼高超的道路達到聖德也是可能的，不過，一般說來，天主把它賜給完全慷慨的靈魂。天主普遍地邀請每個人來到活水泉旁，所有預備妥當的靈魂，如果不是得到豐富的神性光照，成為真正的「默觀者」，也不會有人完全得不到。所以，在我們的靈修生活中，給予默觀的理想一個地位，是很合宜的。大德蘭甚至一視同仁，教導所有的女兒要預備自己達到默觀：「要確信，如果妳們竭盡所能，以前面所說的全德為默觀做準備，而如果祂仍不賜給妳們默觀，我相信，如果真有謙虛和超脫，祂不會不賜給的。」（全德17．7）注意看，如此的準備是所有人都應該追求的，毫無例外，而且要盡她們的全力（全德18．3）。我們來看看，我們該如何上路（全德20．3）。

大德蘭自承在說明準備方面耽擱過久之後，她向女兒們提出二個嶄新的條件。第一是要堅決定志，決心不停地勞苦工作，直到抵達目的；也就是說，直到她們暢飲生命的活水（全德21．2）。第二是做心禱，當不能祈禱時，則配合口禱，因為，如果她唸口禱時心神收斂，天主有時會提拔靈魂達到至高的默觀。

現在我們到了著名的「〈天主經〉註解」，亦即從第二十七章開始至最後。開頭這幾章在聖女的著作中相當聞名。〈天主經〉開頭的經句提供聖女機會，以談論主動祈禱的不同階段，即第二十七至二十九章。大德蘭再次指出主動收心的更高境界，它如何預備靈魂達到灌注默觀的道路，即第二十八章第一至第六節。當我們說：「願祢的國來臨」時，我們所求的「天主的國」就是寧靜的祈禱，即神祕祈禱的第一個階段；在這裡，天主確實給出祂自己讓我們享有，開始把我們導入祂的國，即第三十至三十一章。關於「願祢的旨意承行」，這段註解應被視為這本書中最重要的一點，因為在此，事實上，靈魂開始成全地給出自己，這無非就是她擺在女兒們面前的倫理理想。然而，靈魂達到這個高境是藉助於寧靜的祈禱。大德蘭清楚地這樣說：「我們的好老師，祢的這個祈求——願祢的國來臨，求得真好，使我們完成祢為我們而給出來的。因為，確實的，上主，如果祢不這樣求，我認為這是不可能的。」（全德32．2）她的一向想法在此以新的方式表達出來：要達到標準的聖德，如果沒有默觀是非常艱辛的。

然後，她再次強調，如果我們想要達到神祕生活的圓滿境界，這在於我們如何慷慨地滿全天主的聖意。感恩祭的日用糧（聖體）必會給我們力量度慷慨的生活，而領聖體時是很寶貴的，我們因此和天主親密共融，即第三十三至三十五章。「妳們能渴望這麼多，祂也會完全顯示給妳們（全德34．12）。」無疑地，聖女一直談論著默觀。甚至到了〈天主經〉最後的祈求，也導致聖女向我們解釋分辨的原則：應從靈魂所得的效果來辨識默觀，即第三十六章。最後的結論，聖女大德蘭陶醉在主教給我們的這篇奧妙的禱詞中，其中包含整個的靈修生活，從一開始到靈魂投入天主內，天主讓她自由地暢飲活水泉。「賜予靈魂暢飲活水之泉，可以說，這是路程的終點。」（全德42．5）

†　†　†

看來我們已證明了所提出的問題。《全德之路》是一部克修的著作，的確沒錯，不過，這是個默觀的克修。為此，根據聖女大德蘭的教導，我們無法懷疑，整頓靈修生活好使我們得到默觀的恩寵，這樣做是合法且適宜的。大德蘭甚至毫不遲疑地，稱默觀為靈修生活的終點。她敘述了象徵灌注祈禱的活水後，接著又說：「女兒們，在作戰之前，我設法解說目標，並指出會得到的賞報，還對妳們說，喝到這來自天上的水泉、這活水的好處，妳們想這是為了什麼？」她自己回答說：「為的是在這條路上，遇有艱難和反對時，妳們不會憂慮，而有勇氣向前邁進，也不疲累。」（全德19・14）這本書除了引導我們達到成全的倫理，此即在於把自己全給天主，還有主要的目的。聖女大德蘭寫《全德之路》時，也顧及神祕的默觀，這是幫助我們達到聖德的卓越而有效的方法，比較短也比較容易的道路，一條真正的捷徑，可在短時間內達到高超的成全。

現在，我們必須更明確地解釋預備得到神性恩惠的因素。

不知不覺……溜之大吉

我們要重拾舊題，更留神地考量這本書的二個部分，我們之前已稍稍解釋了其概括的架構。關於默觀生活的基礎，我們記得聖女大德蘭如何寫下修持三個德行：「我要闡明的只有三點……，第一點是彼此相愛，第二是超脫一切受造，第三是真謙虛。雖然我最後提到謙虛，它卻是最重要的，並且涵蓋其他一切。」（全德4．4）聖女提示我們的這些德行，如果我們將之形成具體的觀念，我們會看到，她向渴望默觀的靈魂要求多麼高的倫理標準。注意到這一點是很重要的。事實上，有時候，不知不覺地，我們傾向於降低聖女教導的水準，使之降到我們的水平。由於給不出如此大量的慷慨，即使是聖女指給我們達到崇高山頂的道路，我們寧可不要被要求那麼多，甘心尋求以比較輕易的方式來解釋她的克修道理，結果是從中溜之大吉。事實是，我們正逐漸地毀損整個建築的根基，無意之中，推翻它的平衡與和諧。凡願意修建高樓直達默觀者，必須打下很深的地基。所以，我們堅決主張大德蘭克修觀點上的絕對和艱辛。

大德蘭從不滿足於帶領靈魂達到「任何一種的」成全。她要女兒們達到的是「徹底的」成全，因此她要求保守生立志修練全德—— *toda perfección*，如我們從她寫的《會憲》中看到的。現在我們來聽聽，她如何權威地帶領我們踏上這條全德之路。

不愛眼之所見

我們來仔細地推敲，想想看，她所教導的對近人的愛。大德蘭要的是沒有任何不成全的愛德。談到姊妹之愛時，她說：「人們以為，在我們當中失之太過，不致有害，然而，後來引起如此之多的惡事和不成全，除非親眼目睹，我不認為有人會相信。」（全德4．5）她確信，這樣的不成全阻礙靈魂完全專注於愛天主（同上）。她以細膩的心理學為我們描繪出如此不成全的靈魂：「我相信，這情形在女子當中遠多於男子……希望送禮物給她；找時間和她談話；而且多次向她訴說妳愛她，及其他無關緊要的話，而非說妳如何愛天主。像這樣的親密友誼，很少能幫助人更愛天主。相反的，我相信魔鬼從這裏開始在修會內造成黨派。」（全德4．6）

不是的！那不該是我們愛近人的方式！大德蘭不要這些特殊和感性的友誼；她只允許愛德，甚至她要的是非常純潔的愛德。「我要談論的愛有二種：一種是純靈性的，因為不會觸動感性或我們本性的柔情，使之失去純潔。另一種是靈性中混雜我們的感性和軟弱……。」（全德4．12）聖女大德蘭只許可前者。「現在我想要說的，是毫無激情混雜的靈性之愛」（全德4．13），而她描述以此方式去愛的靈魂：「他們不滿足於愛像肉身那樣卑賤的事物……卻不會停留在這裏，我說『停留在這裏』，意指他們愛這些事物的心態，他們會感到如此地愛戀事物，如同捕風捉影，這使他們引以為憾，也覺得沒有面子，羞愧萬分，不敢對天主說他們愛祂。……妳們會想，如果不愛看得見的事物，他們愛的是什麼？……確實，人們愛眼之所見……如果這些人愛，他們超越肉軀形體，把眼睛注視在靈魂上，看靈魂內有何堪愛的。」（全德6．4、8）

這種愛的對象是靈魂。現在我們來看愛的行動：「如果一個人去愛，他的愛是熱情的，願意對方的靈魂更能見愛於他人，……這是極有價值的愛。這個人毫無保留地盡其所能，尋求對方的益處；他情願犧牲千萬性命，而使另一靈魂獲得些微的幸福。」（全德6．9）

大德蘭指示我們，像這樣的愛如何也能接受天主以痛苦淨化我們所愛的人。「純靈性的愛則非如此。雖然本性的軟弱立刻有所感受，理智隨即思量，對那靈魂是否有益處，是否增進他的德行，及靈魂如何忍受痛苦；他祈求天主，賜給所愛的人忍耐，使他堪當受磨難。如果見到那人安心忍耐，他就一點也不覺難過，反而感到欣喜，也得到安慰。」（全德7・3）我們很自然地想起聖女小德蘭的英勇聖德，她不要求天主治好她的父親。*大德蘭結論說：「純靈性的愛，好似效法耶穌——至良善的好愛人——對我們的愛。」（全德7・4）

現在擺在我們面前的姊妹之愛，顯然地，是淨化所有的自愛，所有對個人安慰的尋求；渴望天主更被愛的熱情主導著這個愛。這樣的愛，在靈魂身上愛天主，而愛靈魂直接的目的是使她們愛天主。我們在此面對的是純潔的愛。聖女大德蘭不是很容易滿足的。她要領導她的女兒們達到最高的成全。事實上，惟有在這崇高的成全境界，我們才能和默觀相遇。

超脫，特別是超脫自己

「現在，我們來談談該有的超脫，」聖女繼續說：「這一點，如果做到成全的地步，就是一切了。」一切了嗎？這話豈不是說得太過分嗎？大德蘭解釋：「這裡，我

* 讀者請參閱《我的靈魂那麼小：聖女小德蘭回憶錄新譯》（光啟文化）及《聖女小德蘭的家庭》（星火文化）。

說這就是一切了，因為若我們唯獨擁抱造物主，毫不在意受造的萬有，至尊陛下必會傾注德行。我們只須一點一滴地竭盡所能，就無須介入任何征戰；上主為護佑我們，將親自迎戰魔鬼、對抗世界。」（全德8・1）看來這裡所指的是天主聖神的協助，此乃真正超脫的靈魂可以期盼的。

聖女逐章地為我們敘述逐步漸進的超脫，從比較外在的事物開始，達及最深入的超脫，亦即內心修持的完美謙虛。大德蘭期盼她的女兒擁有內心完全的自由，因而能以全力去愛。所以，首先，要她們不尋求與親戚往來的感性安慰。「在其他的地方，有自由為了得到安慰，可以和親戚相聚；在這裡，若有親戚獲准拜訪，則是為了和我們相聚而獲得安慰。」（全德8・2）她總是對無私的愛深表關心，但可不要認為加爾默羅會修女必會對親戚漠不關心。「女兒們，在這會院中，要很認真地將他們託付給天主；這是正確的。」（全德9・3）大德蘭所不要的是，在思想中牽掛著他們，這對我們毫無用處，對任何人都毫無助益。「除此之外（亦即為他們祈禱），應當盡可能放開他們，置於記憶之外。」（全德9・3）

事實上，不這樣做的話，必會極度傷害靈魂的平安。「畢竟他們的娛樂不是我們能享有的，這對我們也不是正當的。我們當然可以心疼他們的受苦，事實上，我們確實為他們的磨難流淚，有時，甚至比他們還過分。」（全德9．1）其實，從心理學的觀點來看也是很明智的，隱院內的修女如果不奉行這個勸告，在獨居生活中，必會徒然忍受所愛之人的種種憂苦，但由於她不像那些人一樣，偶而還能分分心，因此她將遭受比他們更劇烈的痛苦。她的心思漫無目的地受到無益的干擾。

然而，只超脫於別人之外仍是不夠；我們必須超脫於自己。「這就好像一個人，因為害怕竊賊而鎖門，卻把竊賊留在屋子裡，就此極其安心地熟睡。而妳們已經知道：沒有比我們自己更壞的竊賊。」（全德10．1）因此，我們得到更進一步的勸告：「如果妳們不小心謹慎地行走，如果每位修女不萬分留神，相反個人的私意——且把這看成比一切都來得重要，許多事情將會奪去神聖的靈性自由；藉此自由，妳們才能飛向妳們的造主，而不會被泥土或鉛塊繫絆。」（全德10．1）至於這個捨棄自我的工作，謙虛會前來協助超脫的。「它們不是分得開的兩姊妹，不是我勸妳們遠離的那些親友，相反地，妳們應當加以擁抱、疼愛，絕不要讓人在妳們身上看不到這兩個德行。」（全德10．2）

我們來考量一下它們的特殊工作。「首先我們要努力的，就是除去對自己肉身的偏愛。」（全德10．5）大德蘭很明瞭許多怯懦女子的小過失：「不過，有些修女進入隱院，不為別的，正是為了不要死……修女們，要下定決心，妳們來，是要為基督而死，不是為基督而過享受的生活。」（全德10．5）有時她顯得很機智，甚至有些卡斯提亞人（Castilla）的淘氣。「某天我們因為頭痛而不去經堂唸經，第二天因為頭還痛也不去，第三天則因為恐怕會再頭痛，所以也不去……。」（全德10．6）她繼續進一步地勸告女兒們：「肉身有個缺點，得到的享受愈多，發現的需求也愈多。」（全德11．2）「妳們要想想，有多少貧窮的病人，他們不得向任何人抱怨。所以，貧窮和舒適是不能同路並行的。……我們要記憶古時的聖父們，這些隱修士的生活，是我們要努力效法的：他們忍受的是何等的痛苦啊！多麼孤單、寒冷、飢餓！又多麼酷暑、炎熱啊！除了天主，他們沒有誰可以抱怨。妳們想，他們都是鐵打的嗎？……女兒們，請相信，當我們開始征服這卑微的肉身，就不會再這麼受干擾……我們死了又怎樣呢？身體這麼多次哄騙我們，我們不是也該至少作弄它一次嗎？」（全德11．3－5）確實如此，聖女大德蘭對待身體毫不溫柔！我們要為默觀的珍寶付出代價！

然而，不能只有肉身的克苦，必須有內在苦工的輔助和鼓舞。再一次我們看到，大德蘭絕不會半途而廢。「我們要在一切事上，表現出相反自己的意志……然而，如果只說我們不在任何事上取悅自己，而不說明伴隨相反私意而來的滿足和愉悅，甚至在今生就能有益處，這就會顯得嚴格極了！而這是多麼的安全啊！」（全德12・3）完美的服從生活，會引導我們完全進入這個修持，但它是藉謙德的幫助而達到成全的。

謙虛是：不需要追求事事成功

最後這個德行涵蓋很廣的範圍。最主要的，謙德使我們免於如此之多的瑣事，和如此之多的成見。多少的靈魂在盡其本分時，由於缺少謙虛而心煩意亂！她們深怕表現得不夠好，當然，結果她們真的表現得非常不好。我們必須滿足於自己本來的真相！大德蘭說：「謙虛是真理」。縱然她深具魅力，聰明賢慧，她也沒有事事成功。她似乎從未精通貴族社交的禮節。當她和貴夫人說話時，她對她們的名銜很感混亂，不知如何尊稱她們。當她該說「*señoría*」時，她卻說成「*Merced*」（全德22・1）。她甚至對經堂的禮儀也感到非常不滿意。她不擅長唱歌，當她仍是降生隱修院的修女，輪到她領唱對經時，她覺得沮喪，因為領得非常糟！而她敘述說，當她不那麼憂慮掛心時，反而領得更好（自傳31・23）。雖然如此，當她建立自己的修院時，她認為最好免去女兒們的這個重責，所以改為平調唱經（《會憲》第三章）。

謙虛還有更重要的工作要做。大德蘭知道，像名望之類的問題也發生在男會士中間，不只在隱修女中！她回想起博學之士必須接受步步高升的研究陶成。「這是怎麼回事，我不知道，已經升為神學教授的人，一定不能降為哲學教授，因為這是面子的問題，只能升，不能降。」（全德36．4）聖女大德蘭教導女兒們，要極力相反每一個驕傲的誘惑：「不要只有內在的謙虛……也要有外在的修持，使修女們因妳們的誘惑而獲益。如果妳想報復魔鬼，快快脫離誘惑，那麼就在誘惑一開始時，即刻請求長上指派妳們去做些卑微的職務；如有可能，就自行去做。妳們也要學習，如何在相反私意的事上屈服妳們的意志，那麼，上主會使妳們弄明白這些事，為此，誘惑將無法久留。」（全德12．7）

這樣還不夠。大德蘭要我們絕不可爭取所謂的權利。「任何有意達到全德的人，千萬別這麼說：我是對的、她們沒有理由這樣對待我、這樣待我的人是沒有道理的……，但願天主解救我們，消除這類歪理。我們的好耶穌忍受那麼多凌辱，受到那樣無理的對待，難道都是合理的嗎？除非自認合理，就不願背負其他十字架的修女，我不知道為什麼還要留在隱修院裡？讓她重返世俗吧！在那裡，人們也不會跟她講這些理。」（全德13．1）

為此，我們必須確信：加爾默羅是克修之家，要求在這裡的靈魂修持最高等級的德行！聖女大德蘭甚至明顯地要求她的女兒們，如果受到不公平的指責時，不要為自己辯護。「眼看著沒有過失而挨罵，又默不作聲，這是大謙虛，也是極度效法除免我們所有罪過的上主。」（全德15．1）愛耶穌，使一切都成為可能。

這樣極力堅持修行謙虛，到底是為了什麼呢？聖女大德蘭希望擒獲天上的君王，亦即她願意強迫祂把自己給靈魂。大德蘭好似一個下棋的高手，她說：「在這場遊戲中，最能把仗打好的棋子是皇后……沒有一位皇后，能像謙虛那樣，使國王降服。……請相信，誰更加謙虛，就更能擁有祂。」（全德16．2）我想，我們確實可以作此結論，大德蘭渴望興建的祈禱大樓，奠基在非常穩固的倫理基礎上。她擺在我們面前的德行標準，不是普通的水平。它們是非常高超、成全和英豪的德行！她知道靈魂各有不同。有的「像綁住腳的小雞那樣移動腳步」，有的則「如老鷹般凌空飛翔」（自傳39．12）她不願女兒們成為小雞！她們應該像老鷹般高飛。老鷹具有銳利的目光，凌空飛入明亮的光中，縱身投入燦爛的光輝中；如果靈魂知道，如何藉成全的超脫，高舉自己於塵世之上，這不就是沉浸於默觀的光明中，放射出光芒嗎？

祈禱就是愛

然而，我們所解釋的只是與天主結合的一個方面。絕對超脫的工作必須有另一個伴隨的因素，給它光明和幫助它繼續。如果要能懷著愛修持超脫，則必須有祈禱的滋養。祈禱能使愛發展。超脫使內心自由，空虛其自愛；祈禱使之充滿神性的愛，主動的愛，使得天主樂於恩賜她被動的愛。大德蘭確實視心禱為獲得神性友誼的直接準備。她的祈禱觀念特別顯示出來，對她來說，祈禱是親密結合的開始，這是靈魂自己獲得的，但也是天主樂意給予的，有一天將會因聖神的工作而更深入。

大德蘭強烈地主張，預備達到默觀的靈魂，絕對必須祈禱。「修女們，要修行心禱，誰若做不到，就唸口禱、閱讀、或和天主交談……不要放棄團體共同祈禱的時間。」接下來是特別的警告：「妳們不知道，淨配什麼時候會召叫妳們；但願發生在愚蠢童女身上的事，不會臨於妳們。」（全德18．4）如果我們勤奮地修持祈禱，愛必會在我們內發展。

事實上，聖女大德蘭認為，祈禱最主要的是「愛的修練」。不只一次，她明顯地告訴我們，祈禱不在於想得多，而在於愛得多。甚至當她給我們祈禱的定義時，表示她視祈禱為進入與天主結合的最好方法。她告訴我們，「祈禱無非是和天主的友誼交談，亦即時常找時間和祂獨處，我們知道祂愛我們。」（自傳8．5）和天主在一起，和祂親密交談，對大德蘭來說，這就是心禱的全部內涵。的確，許多時候，用理智作推理默想是很有幫助的；事實上，這樣做有助於激發愛；但這完全附屬於情感的修練。在祈禱中，意志是皇后，因為愛是從意志來的；去祈禱就是去向我們的主說「我們愛祢」。

這是如此單純的事，絕不需要許多的推理，只要用心就足夠了；不過，這是一顆健全的心，知道如何去愛天主。那時，我們必須用這顆心工作。對於在默想時，對祈禱感到有困難的修女，我們來聽聽大德蘭是如何教導的：「第一步，在祈禱開始之際是非常重要的，要把我們放在天主的面前，然後專注於和祂愛的交談。」「我並沒有要妳們思想祂，或獲取許多的觀念，或用妳們的理智，做偉大又巧妙的省思；我要求妳們的，無非是注視祂。……請看祂被綁在柱子上，充滿悲傷，為了深愛妳們，祂全身傷痕累累……而祂會以這麼美麗、慈愛、淚水滿盈的雙眼注視妳們；只因為妳們前去向祂求安慰，並且回頭看祂，祂會為了安慰妳們，而忘卻自己的悲傷……啊！世界之主，我的真淨配！——如果看祂那樣，會打動妳們的心，妳們就能這麼對祂說；而這時妳們不只渴望看祂，而且還會很樂意和祂說話，不是以現成的禱文，而是發自妳們內心的痛苦……祢竟願意接受像我這麼可憐之人的陪伴嗎？從祢的表情，我看得出來，祢已由我得到安慰……上主，若是這樣，祢願意為我忍受這一切，我為祢受苦，這又算什麼呢？……上主，我們一起走吧！無論祢去哪裡，我也去㉑；無論祢忍受什麼苦，我也忍受。」（全德26．3－6）

這樣的祈禱方式，是完全專注於愛的修持，誰會看不出來呢？以充滿感情的愛，決心為我們的主受苦，預備好達到有效的愛，如此的祈禱真是慷慨的根源。

然而，愛尋求親密的友誼，甚至也會產生親密的友誼。靈魂感到需要親近天主，漸漸地，她知道所想念的天主就居住在她內。大德蘭告訴我們另一種主動的祈禱，比前者更完美：主動收心的祈禱。這個祈禱的基礎是在我們內天主的臨在，不過這預先假定，靈魂要作二件事：她必須遠離受造物和親近天主；要以全心作這二件事。

大德蘭的女兒們由於時代的關係（那時多半婦女是文盲），聖女為了加強女兒們的印象，使她們明瞭天主親臨我們內的偉大且安慰人的真理，她說：「為了幫助我們真的了解，在我們內其他更寶貴的東西，無與倫比，遠超過我們外面看見的。不要想像我們的內在是空的。」接著又說：「天主保祐，但願有此疏忽的只是女人！」（全

21. 參閱《盧德傳》一章15節。

聖女大德蘭的斗室，她在此寫了《全德之路》。

德28・10）事實上，她遇見過某位神學家，對靈修生活中如此活潑和超性的真理一無所知。她表示多麼不欣賞那樣不徹底的指導者！那人告訴她，天主只藉著祂賜予我們的恩寵臨在我們內。可是，大德蘭由親身的神祕經驗知道，天主真的在我們內，正如她說的，對於這個真理她確信不移，所以她不能相信那個人。「於是再去請教其他的人，他們告訴她這個真理，她從中得到許多安慰。」（城堡5・1・10；自傳18・15）

找到你靈魂內的小天堂

由於天主真的臨在我們內，聖女會教導我們，在靈魂內的斗室裡收斂心神，在那裡和祂親密談心：「要對待祂如同父親、或兄弟、或如同主人、或淨配；有時這樣，有時那樣……妳們不要糊里糊塗；祈求祂，讓祂來做主。因為祂是妳們的淨配，祂會這樣對待妳們。」（全德28・3）因為我們很親近天主，所以無須多言多語：「祂會了解我們，就像這樣，如果我們要唸許多遍〈天主經〉，只唸一遍，祂就清楚明白我們了……祂並不贊許我們打破頭，對祂說一大堆的話。」（全德29・6）

這已是非常寧靜和單純的祈禱，現代神學家稱之為「單純注視的祈禱」，然而德蘭學派則標示為主動或自修的默觀。它可稱為「默觀」，因為專注於天主，靈魂往往滿足於以單純、愛的注視來存想祂，而非對某些特別的奧祕苦心推理，問題在於這是靈魂自己修持的默觀。所有聖神七恩的灌注當然沒有被排除，不過，這個灌注對靈魂仍是隱藏的，而且其中毫無新的心理體驗。為此，我們在此不說是神祕的祈禱。

但是，距離後者似乎不是太遠。大德蘭注意到這個關連：「他的神性老師，更加快速地來教導他，賜給他寧靜的祈禱……凡能用這個方法，關閉自己，留守在我們靈魂內的這個小天堂裡的人……要相信，他們所走的是卓越的道路，絕不會喝不到泉水。」（全德28．4－5）

的確，神祕祈禱已近在眼前了，不過，條件是靈魂真的是慷慨的。在以下的篇章中，大德蘭確實以最清楚的方式，寫下她默觀克修的原則。「除非我們完全給出自己，祂也不會把自己完全給我們。」（全德28．12）靈魂必須以主動的尋求和天主結合而徹底交付自己。絕不可自我局限在二個小時的心禱中，她必須朝朝暮暮陪伴天主。大德蘭說：「我們應該在盡職務之時，退隱到自己內。」對那想培養收心的靈魂，她向她們敘述實際的修行法。「如果他在說話，要努力記得在自己內是和誰在說話。如果是在聆聽，則要記得，所聆聽的這位比誰都靠近他。總之，務必記得，假若他願意，就絕不能離開這麼好的伴侶……我知道，賴天主的助佑，如果妳們這麼做，一年或可能半年之內，妳們就能學有所成。」（全德29・7－8）所以，繼續不斷修持天主的親臨，必須伴隨著慷慨、英豪的修德生活。

祈禱和修德如同雙臂，充滿愛情，向天主伸展，那麼，渴望和靈魂結合的天主，怎能抗拒一顆真的已為祂預備好的渴慕之心呢？

你有多想要？

聖女大德蘭的《全德之路》是個慷慨的召喚。

她先在我們面前擺出非常崇高的倫理理想：為聖教會的利益完全犧牲自己，以此徹底地交付自己給天主。大德蘭指出達到那崇高境界的捷徑，這條最短的路，就是默觀之路。她知道這不是一切人的道路，沒有神祕祈禱，我們仍能達到聖德；不過她也知道，這個白給的恩寵，天主常常恩賜給慷慨準備好接受的靈魂。她希望女兒們沒有被提拔到默觀的原因，不是由於她們的過失，於是勸告她們要充分準備自己，提示她們克修的生活，使她們能以成全的超脫，免陷於所有對受造物的愛戀，帶領她們以不斷修持愛的祈禱，進入神性的擁抱中。

大德蘭的克修是囊括一切的，完整的，而非僵硬的，確實來自愛的心神，來自渴望神性的友誼，渴望全給天主，因為「除非我們完全給出自己，祂也不會把自己完全給我們。」（全德28．12）所以，她至極嚴格的要求，是熱烈渴望天主的結果。愛的心神絕非僵硬的心神；它不冷酷，也不苦澀，因為愛非常可愛地給出一切；而且愛能非常準確地表達自己。

加爾默羅會的克修之所以如此艱辛，只因為它要引導靈魂達到和天主圓滿、親密的愛之結合，祂要求的是一顆不執迷於受造物的心。默觀是加爾默羅的導向，但它高聲宣布說，我們需以慷慨的生活來預備達到默觀。若要培育靈魂對默觀的渴望，除非靈魂同時接受心靈赤裸的道路，否則必然顯出缺乏平衡。

並非每條導向成全的道路都會和默觀相遇。默觀不會伴隨那選擇輕鬆和容易道路的靈魂，但卻會欣然地賜給行走崎嶇道路的人，那是一條直上加爾默羅山坡的道路。默觀不會賜給那些邁著小雞步伐行走的人，卻賜給如老鷹般展翅高飛、遠離塵世的人；他們舉目仰視神性的太陽，忘記且輕視世上的快樂。在真正聖德的至高道路上，會找到默觀。事實上，聖女強調說，沒有默觀，我們也能達到聖德；她甚至說，慷慨的靈魂，有時只喝到微量的活水，得到些微神性的光照；不過，如果許多靈魂沒有達到默觀，該責怪的只是她們自己，這仍是個事實，因為她們不知道如何徹底地慷慨，接受這活躍的克修生活，妥當地準備她們自己。然而，如同聖女所說的，遵守法律的熱心之間有極大的差別；有的吝嗇地墨守成規，只求避免犯罪；有的則專注地投入工作、不同的職務，修持最高的德行。為能準備好自己達到默觀，必須要能完全、徹底和寬大地守好會規。「請看，為了享有我們說的這些恩惠，天主願意妳們無所保留；無論是多是少，祂願意妳們全給祂。」（城堡5．1．3）

大德蘭藉所寫的書，希望提拔我們達到更高的倫理水平，達到更圓滿的生活，更英豪的德行。如她所說的：「除了服從之外，我還願意吸引靈魂得到這麼崇高的福分──亦即默觀。」（自傳18．8）好使我們下決心，更完全地為天主而生活。凡是熟識聖女著作的人，不能不感受到這顆熱烈之心，渴望竭盡她的全力，她的美善影響躍動在書本的字裡行間。「和聖善人在一起，你也會成為聖善的。」（《聖詠》二十七篇26節）我們應向聖女大德蘭學習，不要畫地自限，限制我們的渴望，自我關閉在平庸之中，而要熱烈渴望深邃和廣闊的生活，徹底而親密的愛之生活：天主把自己給靈魂，靈魂也把自己給天主。如此的生活是神性的豐收，為天主的整個聖教會，獲得圓滿的靈性富裕。

聖女大德蘭指給我們這些高峰，讓我們的眼睛凝視，我們的心存想：在今生，往往不能完全實現這個理想。如果真是這樣，由於神祕祈禱是個白白給的恩寵，而默觀之路並非唯一導向聖德的道路，所以也不是最重要的。如果我們捨棄一切所有，如果我們背起自己的十字架跟隨耶穌，我們的努力不會是徒然的，畢竟，我們所做的不是為了默觀，而是為了祂！

第四章

《靈心城堡》：天主的神性動作

雖說《全德之路》是會母聖女大德蘭在靈修教育上的一部寶貴名著，但仍有待續集。因為這本書還不夠寫出靈魂的默觀理想，教導人走上與天主親密結合的道路。那些已被天主帶上神祕默觀之路的人需要指導和幫助，使之能從這神性的恩寵中獲得更多的益處，同時能對抗可能的錯誤幻覺。

聖女德蘭是靈修大師，她能善盡此一任務。至於幾乎和《全德之路》同時撰寫的《自傳》，聖女確實有著某種程度上的滿意，因為她在那本書中解釋了不同層次的神祕祈禱，並且在她的解釋中加上豐富的實際勸告（自傳11－12）。然而那是一本自傳性的書，在她有生之年不能給女兒們傳閱。總之，為了這一切理由，許多已被提拔到神祕之路的女兒們，熱切盼望特別為指導她們而寫的靈修書。

除了德蘭姆姆，沒有人更能勝任此責，因為在祈禱的道路上，她有很豐富的經驗，於是她的神師貝拉思克斯神父（Dr. Velásquez）命令她開始這個工作。這個命令致富了教會的文學，鑲上一顆光輝的無價寶石。

當聖女大德蘭寫《靈心城堡》時，她已經六十二歲，在各方面已臻成熟之境。十三年前，她已寫了第一版本的《全德之路》，五年前[22]，她被提拔達到圓滿的神祕生活，她從經驗中得知神婚的境界。同時，她得到了多少親密信任她的靈魂！她以

22. 1577年，聖女大德蘭62歲；13年前，即1564年；5年前，即1572年，大德蘭在聖十字若望的指導下，得到神婚的恩典。

母親般的勸告，以溫柔的手，引導過多少人歸向至高的全德！現在，她被女兒們——即一群特選的蒙恩靈魂——環繞著，她培育且教育她們。這些人期待著會母完成她教誨的著作，為此，天主親自預備了聖女大德蘭。一五七七年，至聖聖三節，在托利多（Toledo）隱院的斗室內，基於服從，聖女開始動筆描述她《靈心城堡》內的住所。

風暴中建城堡

聖女在該院已居住了一年，這是因為總會長魯柏（Rubeo）神父的幽居命令。革新修會正處於風暴之中。長久以來，總會長疼愛大德蘭，常稱呼她為「我的女兒」，現在，由於不正確的訊息，他轉變為以憤怒和嚴厲相待。大德蘭非常心痛，然而這還只是磨難的開端而已，不久風暴就要全面展開，革新修會將在最危險的處境中。可憐的會母，她是多麼的憂苦！

正在此時，聖女大德蘭興建她的《城堡》，於同年的十一月，她在亞味拉（Avila）完成這部著作。四天之後，擔任該城降生隱院聽告司鐸的十字若望會士，被人用暴力拘捕，關進托利多緩規加爾默羅會院的陰暗牢房中。

雖然處於這樣的劇變中，本書的筆調卻出奇地平安寧靜！沒有任何人世變遷能擊碎基督的真淨配！她能受苦，能死亡，但絕不會被粉碎！她全神貫注於指導靈魂達到聖德極境的理想，好似沒有發生什麼事，晴空萬里、寧靜、平安；她揮毫追蹤與天主結合的道路。她所居住的內心深處，再沒有任何事能擾亂她的平安。這樣的一位靈修大師，誰能不特別對她信任有加呢？

心禱打開城堡大門

靈心城堡是與天主親密友誼的宮殿。

靈魂好似一座水晶造成的城堡，其中有一連串的不同殿宇，或住所，環繞著一個中心內室，城堡的主人居住在當中，亦即天主，祂這光輝的太陽，使整個水晶城堡輝煌，得以分享天主的神光。即使靈魂不幸陷於大罪，天主仍然始終臨在於靈魂內。然而，罪過如同瀝青，遮蔽水晶城堡，致使神性的光明無法徹照，使靈魂留在黑暗中（城堡1・1・1）。這彷彿包著黑布的水晶球放在陽光下，太陽明亮地照耀著黑布，但陽光對水晶球卻毫無作用（城堡1・2・3）。

只要靈魂再度進入神性的友誼，神性的太陽立即徹照整個城堡。的確，愈靠近外界的住所光明愈弱，也愈擴散。反之，愈靠近中央的住所，光明愈強烈、燦爛，靈魂整個受到光照，到處都感受到太陽的光與熱。當靈魂努力與居住中央的偉大天主建立關係時，靈魂進入這光輝的宮殿中，就是說，當她做心禱的時候。祈禱可以稱為進入城堡的門（城堡1．1．7），因為靈魂經由祈禱而與天主相遇。她把自己置身於神性太陽的光中，自然而然地受到豐富的光照。可是天主的神性之光更強烈地照耀靠近中央的住所；靈魂愈是內在，也愈充滿光明，也因此愈容易明瞭這事。由此可知，有不同層次的祈禱，使我們經驗內在的神性生命，這相稱於靈魂內在生命的不同深度。我們將看到，按聖女大德蘭的實際說明，她不認為各種不同的祈禱可以嚴格界定聖德的進程。不過，她確實認為，它們通常和全德生活的發展息息相關，我們若能寬大為懷地瞭解或接受，就能標示出不同的默觀程度，決定靈修生活達到的境界或階段。但在許多地方，它們也用來分辨靈修進程的等級，不同的祈禱和靈修進程，很自然地彼此搭配著，而且也是所處境界的穩固基礎。

德蘭確實沒有忽視，每一種祈禱生活都必須建立在不斷修持德行上。我們甚至可以說，綜觀她的所有著作，她最關心的是，引導靈魂度全心交付自我給天主的生活，因此，如果在她的克修論著《全德之路》中，她訓示我們要慷慨地投身於獲得默觀，在這《靈心城堡》中，從另一方面而言，她解釋神祕的恩寵，她所關心的是，指示我們：愛的生活更是給予，而非領受。所以，神祕恩寵的大價值在於這個事實。它們促使我們上達更崇高的道德層面；更有甚者，其目標是引導我們達到更完全的自我祭獻，以服事天主。

七重住所 VS 靈修三路

聖女大德蘭建立了不同的祈禱方式與成全等級之間的平行論，這是很好的方式，可以確定靈心城堡內的方位，由此定出聖女的七重住所和靈修傳統所謂「成全三路」之間的關係。

加爾默羅會士巴爾達沙神父（Fr. Baldassare of St. Catherine of Siena）是註解《靈心城堡》的卓越專家。我們遵循他的意見，標示前三重住所為初學之路，第四重住所為進修之路，其他的五、六、七則為合路，亦即成全之路。最後這點好似不明顯，的確，德蘭說到第五重住所時，靈魂能以完全順合天主的聖意穿越第五重住所（城堡

5．3．5）。而我們知道，對聖女大德蘭來說，這樣的委順實際上是完美的倫理。所以，第五重住所是屬於成全者。另一方面，前三重住所是指從踏上靈修生活的第一步開始算起，直到靈魂敬畏天主，能專務於靈修的前進。當靈魂進入明路，即進修之路時，像這樣的處境，神祕神學家通常標示為過渡期；就是說，明路開始於第三重住所之後，是一個特別的過程，第四重住所標示出這個靈修生活的階段。

愛尚未淹沒理智

聖女大德蘭沒有在前三重住所多費時間，那是初學者的道路。在她的這本新書中，她有意特別談論神祕恩寵，而在前三重住所中，還看不到這樣的恩寵。我們在此試著綜合她神祕學上的教導，因此，只限於從這三重住所中收集必須的資料，好能配合這城堡的完整結構。

第一重住所的靈魂還沒有走到那裡。她們仍然很世俗，沉迷於享樂，追求榮譽，野心勃勃。她們的容器，亦即感官和官能，缺乏來自天主的力量，這些靈魂很容易就會被打敗。雖然如此，她們仍不想得罪天主，也做些善工（城堡1．2．12）。因此，她們並非生活在大光明中。「幾乎沒有來自國王皇宮的光達到這些第一重住所，因為，雖然他們並非如同處於大罪中的靈魂，那麼的晦暗和幽黑，卻有某種方式的黑暗，使得靈魂見不到光。」（城堡1・2・14）這個幽暗的起因是靈魂所有對世俗的掛慮，「她卻熱衷於世俗的事物，這麼被財務、名譽和事業所支配。」（城堡1・2・14）如果她們願意前進到第二重住所，必須「致力於輕視不必要的事物和事業，每個人要配合自己的身分行之。」（城堡1・2・14）總之，雖然第一重住所中的靈魂是在恩寵的境界中，正處於天主和世俗的分離點上，然而還不能說已在修持內修的生活，這應該是第二重住所才開始的。

靈魂現在開始做心禱，亦即默想，且是規律地奉行默想神工。她努力以理智徹悟信德的偉大真理，這是她新生命的基礎。還有做補贖，這將有助於培養慷慨的胸懷。在靈修生活中，我們確實需要這些，而且從一開頭，大德蘭就有意使我們習慣於更樂意給予，超過領受，那麼，我們才能更有勇氣地面對來自乾枯的困境，我們很快就會碰上的。

不！我們絕不尋求安慰！「凡開始修行祈禱的人，其全部的志向必須是盡力勤勉地工作、下決心、備妥自己，使意志能翕合天主的旨意。」（城堡2・1・8）這是唯一必須的事。愈完善地翕合主旨，靈魂從天主得到的恩寵也愈多，在靈修的道路上進步更大。最好注意一下，為什麼從開始走向城堡中央的路上，聖女所重視的不是神慰，而是翕合主旨。我們會聽到她對此立場的堅持，氣勢愈來愈強有力，直到關於最後住所的崇高篇章，更是氣勢磅礴。

不過，我們還沒有達到煉路的終點。聖女描述進入第三重住所的靈魂，「她們非常渴望不開罪至尊陛下，甚至避免犯小罪、愛做補贖、長時間收心、善用時間、對近人行愛德，並且其言談、衣著和管理家務非常得體。」（城堡3・1・5）所以，我們可以說這些靈魂已完全進入靈修生活。她們的祈禱是單純的默想，聖女德蘭稱之為「收心的祈禱」，她認為這些人大有希望。「這是個令人渴望的境界，看來她們沒有理由不進到最後的住所，如果她們渴望，上主不會拒絕，這是個美好的預備，使人博得所有的恩惠。」（城堡3・1・5）

如果她們渴望！那麼，是否最後的住所就近在眼前呢？她們不必這樣想，在她們達到那裡以前，還要耗費許多的力氣！大德蘭近乎打趣地談到那些慢條斯理的靈魂，「女兒們，如果從一地到另一地，我們能八天走完，卻要用一年的時光，歷經風霜雨雪，及險惡的道路，妳們是否認為這樣好呢？」接著，她甚至帶點嘲弄的口吻說：

「這些靈魂做的補贖很剛好，就像她們的生活……，她們行補贖相當謹慎，不使之損及健康。不必怕她們會殺死自己，她們的理智仍非常操之在己。愛還沒有達到淹沒理智的地步。不過，我倒寧願我們善用理智，讓我們不要滿足於這個事奉天主的方式，總是一步一步地走，這條路我們一定走不完的。」（城堡3・2・7）

上面她說：「如果她們渴望！」的確如此，但最重要的是，她們必須慷慨地「渴望」。然後還有：如果天主認為把祂的居所關閉比較合宜，她們不可失去耐心。聖女大德蘭說：「不要請求妳們不堪當的。」（城堡3・1・6）她巧妙地把最崇高的理想擺在我們面前，卻又不危及我們的謙虛。「無疑地，如果在此赤裸和超脫一切中，恆心堅忍，必會得到所追求的。不過，這必須有條件的，請留意我要勸告妳們的這件事，即妳們要自視為無用的僕人。」（城堡3・1・8）絕不要認為，天主賜給她們這些恩惠是因為她們所做的事⋯她一再重覆著她最愛的思想：「啊！謙虛！謙虛！……我不能不認為，凡是把這些乾枯當作嚴重問題的人，即是在謙虛上稍有欠缺的。」（城堡3・1・7）大德蘭確實相信，愛在於給予，甚於領受。

我們已探索了靈魂從冷淡到慷慨熱心的皈化，現在讓我們追蹤這些慷慨的初學者，向前邁入進修之路。

進入被動

隨著明路的展現，我們進入了神祕默觀在靈魂內發展的領域。我們將目睹新生命的誕生和進步，亦即神祕默觀進入且包圍靈魂的生命，使之神化，最後完全變化成為真正的神性生命。德蘭用各種巧妙的比喻，使我們更明瞭內在超性生命的奧祕。其中，她最喜歡回到水的比喻：「為了說明一些靈修經驗，我找不到比水更適宜的事物；這是因為我孤陋寡聞，又沒有幫得上忙的聰明，而我是這麼喜愛這個元素，致使我更留神地加以觀察，超過觀察別的事物。」（城堡4・2・2）

她用水的比喻，向我們述說寧靜祈禱的特質，這個祈禱特別屬於第四重住所。她很習慣這樣說：「享受天主的神味」，她解釋，這些「享受神味」和從默想而來的「心滿意足」有何不同。「我們來仔細想想，有二個水源，各有其灌滿水的石槽……其一是來自遠方，經由許多水管和技巧；另一則位於水源地，無聲無息地灌滿了水……來自水管的水是我所說的『心滿意足』，因為是我們以思想得到的，在默想中賴受造物的幫助，且勞累理智……總之，是我們以勞力得來的，當『心滿意足』必須在靈魂內導致一些洋溢的恩惠時，會發出吵雜聲……至於另一個水源，水來自其本身，亦即天主，正如至尊陛下願意，在祂喜歡時賜下超性的恩惠，祂在我們內極深處導致極大的平安、寧靜和溫柔。我不知這是從何而來，或是怎麼來的。」（城堡4・2・2－4）

現在我們來聽聽，這天上的水臨於靈魂的效果是什麼？「這天上的水開始湧流出來，我說是來自我們內的極深處，擴大並舒展我們整個的內在……在這裡，我認為官能並沒有結合，而是專注凝神，且觀看著，彷彿驚奇於所見的事物。」（城堡4・2・6）顯然，靈魂感到她是被動的，也明白她不能自己產生那樣的效果。「這不是人能隨意空想的，因為無論如何費力謀求，我們都無法獲得，從中我們得以獲悉，這不是我們的金屬，而是神性上智的純金鑄造的金屬。」（城堡4・2・6）那麼，這個被動的經驗發生在靈魂的那個部位呢？

恩寵滿到了咽喉

聖女說得非常明確，且散見在她的不同著作中。關於這個祈禱，她總是一再地說，這是意志和天主的結合（全德31・3；自傳14）。我們來聽聽靈魂是如何被迷住的：「只有意志這樣地專注，不知道為什麼，意志成為俘虜；意志只是同意天主，讓天主把它囚禁起來，意志好似很知道如何成為其愛人的俘虜。耶穌啊！我的主！祢的愛對在這裡的我們是何等寶貴！祢的愛這麼束縛我們的愛，使之在這時，除了愛祢，無法愛其他任何一切。」（自傳14．2）

看到她的愛無法自抑地歸向天主，靈魂自知非常親近祂。「所有的官能都已靜息。透過一種遠非外感官能了解的方式，靈魂領悟出來，她已經很靠近她的天主，並且不消幾下子，就會達到與祂結合。」（全德31．2）所以，這不是結合，但天主已使靈魂感受到祂；天主在意志上行動，甜蜜地吸引意志歸向祂。只有意志被迷住，理智和記憶仍是自由的，有時甚至嚴重地麻煩靈魂，以它們的活動擾亂她⋯⋯。大德蘭教導我們，不要去理會這些事，要全神貫注於愛。因此，天主在靈魂內的行動始於意志，不過，會漸漸地發展，抓住理智和記憶，有時是其中之一，有時二個官能都被把握住，那時，三個官能都會被迷住。

寧靜的祈禱特別專屬第四重住所，但還有其他的。第一，我們必須注意到一種灌注的收心（4．3．3），天主在靈魂內，使之以被動的方式達到卓越的心境，為吸引我們主動地親近祂，這個恩寵幫助我們得到寧靜的祈禱，大德蘭認為，這首先形成明路初期所賜予的灌注的祈禱。在這道路上的其他祈禱，聖女在她的《自傳》中作了比較詳細的敘述，在那裡，她說有一種結合（自傳17・5）是繫住理智和意志，可是記憶仍是自由的，充滿想像，當靈魂想要在默觀中保持寧靜時，這些想像使她受到強烈的磨難。在官能的睡眠中（自傳16、17），三個官能都被緊緊地把握住，雖然還沒有完全的結合，只有在第五重住所，才開始完美的結合。聖女常喜歡回到水的比喻，提及這事時，她說：「這時若能和懂哲學的人談談，必能大有所獲，因為他既了解事物的特質，必能為我說明那些我喜歡想，但又無法說清楚，甚至也可能是無法理解的事物。」（全德19・3）她繼續說：「在官能的睡眠中，恩寵的水湧到這個靈魂的咽喉，因為他已不能向前進，不知怎麼回事，也不能向後退。……我清楚地明白，這不是全部官能的完全結合，而且，這個祈禱的類型比前一種祈禱更為卓越。」（自傳16・1－2）這個結合還不是完全的，因為官能仍是自由的，多少可以自行活動，尚未完全著迷於天主。「官能幾乎全都和天主結合，不過，還沒有專注到失去作用……官能只能夠完全專注於天主。」（自傳16・2）

謙虛！謙虛！謙虛！

聖女指示我們，在這些明路的住所中，天主的行動如何先從意志逐漸擴張，達及其他的官能，靈魂「感受到」她在天主的手下愈來愈被動。我說「感受到」，是很貼切的，因為對聖女大德蘭而言，明確及實際體驗的被動是神祕祈禱的特點。即使是在比較低層次的灌注默觀中，天主在靈魂內的行動，我們的意識多少仍是可以知覺的。靈魂「感受到」被推動、吸引，由於看到她如何經歷天主的行動，致使靈魂全神貫注，以愛注視天主，她說：「天主在我內行動，我非常親近天主。」同樣，在灌注的收心中，也就是寧靜祈禱之前的境界，最低等級的灌注祈禱，靈魂感受到神性的湧流（Divine inflowing），使她進入善行祈禱的境界。因此，聖女認為分辨神祕祈禱就在於此實際體驗的被動。一個心理測驗，能使聖女界定灌注默觀的範圍[23]。

關於聖女的心理學觀點，我願記述一段趣聞，這是大名鼎鼎的耶穌．多瑪斯神父（Fr. Thomas of Jesus）對巴爾達沙神父述說的，當時後者正在羅馬唸神學。聖女大德蘭請教過許多當代的學者，其中有聞名的道明．巴臬斯神父（Fr. Fray Domingo Bañes），因此她必定經常聽到道明學派和摩理納學派（Molinist）[24]之間的論戰，爭

23. 見第二章。

24. Molinist：主張摩理納學派的學者。這個學派是由十六世紀耶穌會士摩理納（Luis De Molina 1535–1600）所創，在有關天主恩寵和人自由意志的爭論中，強調人自由意志的一面。

辯實效恩寵的性質。凡有關超性生命的事，大德蘭無不深感興趣，她必會顯露關切之情。我們聽巴爾達沙神父自己述說：「有的神父告訴她這個論戰，和所爭論的事，以及雙方執持的觀點，她必定說，她感受到在她內實際有效的預定恩寵。」這樣看來，聖女自承被道明會神父征服了！但是愛好和平的巴爾達沙神父繼續說：「不過，恐怕這些話會開罪對方的神父學者們（意指耶穌會），他們是我們非常親愛的朋友，我們可以認為聖女暗示那些光照和神祕的行動，是實際體驗地被感受到的。」這位善良的老人總結說：「我尊重所有的立場。」

所以分辨超性的生命時，大德蘭特有的方法是實際體驗的、心理的。另一種比較純理論的方法，確實讓她陷於許多的錯誤，因為她沒有足夠的神學知識引導她。如果在探究她的道理時，我們能顧及這一點，我們會發現那是很自然的，甚至述說神祕的默觀時，她也運用實際體驗的準則。

感受到天主在我們內工作，看到我們親近上主，知道那太陽以充滿愛的溫暖光照著靈魂，事實上，這些是非常吸引人的。敘述了神性「觸動」的祈禱後，德蘭又說：「我的女兒們，妳們會渴望努力獲得這個祈禱，妳們是對的……」不過，她繼續說：「我就要告訴妳們，在這個事上我所了解的……謙虛！謙虛！經由謙虛，在任何我們渴望祂的事上，祂讓自己被征服。是否有謙虛，首先要看的是，不要想妳們堪當從上主得到這些恩惠和享受神味，也不配在今世獲得。」（城堡4．2．8）顯而易見，雖然她相信這些恩寵常賜給充分預備好的慷慨靈魂，大德蘭不願我們過於確信必得無疑，我們必須繼續努力，不是努力得到這些恩寵，而是去滿全天主的旨意。「女兒們，我們是祂的；讓祂在我們身上成就祂所願意的，帶領我們到祂願意的地方。」（城堡4．2．10）她奉為守則的是：「成全不在於享受神味，而在於愛得更多……在於以正義和真理，做更好的事奉。」（城堡3．2．10）

我們再次被教導要修持德行。這必須是我們首先和最重要的關切。聖女繼續以打趣的口吻說：「如果真是這樣……，妳們會覺得，解釋及述說這些內在的恩惠有什麼用呢？我不知道，妳們去問那命令我寫的人。」（城堡3．2．11）但這只不過是個突然的插播。接著她繼續說出不止一個理由，解釋我們為什麼應該渴望它們，其中之一，她說：「如果這些恩惠來自天主，會充滿愛和剛毅，以致妳們行走此路時費力較少，也能在善工及德行上成長。」（城堡3．2．11）所以，這是很值得渴望的，因為有助於我們修德行善，使道路平坦易行，幫助我們走向成全的愛。

終於，死於自己

到了第五重住所，我們進入了合路。在第四重住所中，靈魂感到她和天主結合達到某個程度。這裡的結合則是完全的，靈魂經驗到自身的神化，使她度神性的生命。有個動人的比喻會使我們瞭解這必須完成的神化深度，以及我們為達到神化應有的預備方法。聖女大德蘭以圖像式的風格述說蠶的蛻變：「據說是來自像胡椒子那麼小的種子（我從未見過這事，只聽說而已，所以若有什麼曲解之處，則不是我的過錯）。」她的自然科學知識顯然不夠；她需要得到更多的資訊，但是我們也不要過於難為一位隱院的修女！她繼續說：「當天氣變得暖和，桑樹開始冒出綠葉，這個種子也開始活起來；尚未有此維生的食物之前，牠們是死的。得到桑葉的養育，到了長大成蟲之後，停留在細枝上，在那裡用小嘴吐絲，做成非常緊密的小繭，把自己封閉於其中；這隻既大又醜的蠶死了，從繭裡出來一隻白色的蝴蝶，非常優美。」（城堡5・2・2）

現在接下來的是應用說明：「藉著聖神的熱力，這隻蠶開始活起來，開始受益於普通助祐，即天主賜給我們眾人的助祐，……一旦這隻蠶長大了，牠開始吐絲，蓋好屋子，牠則必須死在其中。」（城堡5・2・3－4）靈魂建造她的住所是藉著效法我們的主，度完全超脫和慷慨的修德生活。靈魂死於自我，準備在神性的生命中再生。「我的女兒們！鼓起勇氣！快快地做這個勞苦工作，編織這個小繭，清除我們的私愛、我們的意志、不多繫戀任何世物，修行補贖、祈禱、克苦、服從及其餘妳們知道的一切……死去吧！這隻蠶死去吧！如蠶一般地死去，達成其受造的目的！妳們就會明白，我們怎樣看見天主……我所說的『看見天主』，即在這種結合中所感受到的。」（城堡5・2・6）

大德蘭所說的這個結合是死亡，但這是一個活於天主的死亡。官能被休止，不再感受到什麼；甚至連呼吸也好似被中斷。雖然如此，這又是何等的生命啊！她說：「天主親自置身於那個靈魂的內在深處，當靈魂返回己身時，她絕不會懷疑她在天主內，天主在她內。這個真理這麼確定無疑地存留在她內，即使經過多年，天主沒有再賜予那恩惠，這靈魂既不會忘記，也不會懷疑她在天主內，天主也在她內。」（城堡5・1・9）這是現在這個結合的明顯特性，聖女大德蘭說：「凡沒有得到這個確信的人，我不說這是靈魂與天主的完全結合，而是部分官能的結合，或是天主賜給靈魂的其他多種的恩惠。」（城堡5・1・11）聖女總是嚮往著成全的道德，她熱忱地向我們描述這個祈禱的效果：「當靈魂在這個祈禱中時，她真的死於這個世界；出來了一隻白色的小蝴蝶……這個靈魂認不出自己了！……她看到自己內懷有讚美上主的渴望，她願銷毀自己，為祂死一千次。她很快就開始感到，除了渴望忍受千辛萬苦，她不能做別的。她極其渴望做補贖、獨居及一切能認識天主的事；在此，當她看到天主被冒犯時，她感到極其痛苦。」（城堡5・2・7）

從這個結合中導致非常慷慨的生命；雖然如此，這才只不過是個開端。前二重住所指示我們結合的恩寵如何發展，直到完全抓住靈魂，且形成習慣。事實上，最後這些住所的恩寵全都是同一類的。聖女清楚地告訴我們，第六重住所和這一重住所的區別，只在於天主的恩寵更豐沛和強烈；至於第六和第七重住所之間的門是敞開的（城堡6・4・4）。為此，她能邏輯地比喻神祕結合中靈魂進步的三階段，這好比是締結婚姻：先是提親，然後是訂婚和結婚。我們將看到她如何詳述她的比喻。

第五重住所中得到完全結合的第一個恩寵，有如靈魂和天主之間的初次會面。「至尊陛下好似深明此事，對這些靈魂很是欣喜，因此賜予一些慈惠，願意靈魂更加認識祂……使他們相見及結合……單單這個相遇……靈魂存留在這麼深的愛內，在她這方面會盡其所能，不去攪亂這個神性的訂婚。」（城堡5・4・4）很好，靈魂應該首先熟識她的未婚夫，明瞭尚未從天主得到神婚的許諾前，就必須承受許多磨難。描述第六重住所門檻前的這些苦難（城堡6．1），真實地使聖女大德蘭成為聖十字若望《黑夜》的前驅，確定可怕淨化之夜的事實，這個夜，必須發生在神訂婚的黎明前。但是緊接著，她述說在此快樂時期所賜下的各種恩寵，燦爛豐盈的神性恩寵圍繞著那更偉大的訂婚。

為了使靈魂更渴望天主，天主從祂居所的中心傳給靈魂某些「影響」，使靈魂焦心地渴望祂。「她感受到至極愉悅地受到創傷……深知這是很珍貴的創傷，她絕不願得到痊癒……在她內造成這麼大的作用，使她渴望被銷毀……」（城堡6．2．2、4）一個神魂超拔帶她離開感官的事物，標示出訂婚的時刻。感官和官能都出神了。「我們能說它們是死的」（城堡6．4．4）不過，「靈魂對天主的事從來都不是這麼清醒的，對至尊陛下也不會有這麼大的光明和認識。」（城堡6．4．4）確實這裡有個問題是隱晦的默觀（城堡6．4），但有時則是啟示天主祕密的理智神見；似乎天主要顯示祂自己。聖女說：「關於天主之崇偉的某些真理，這麼確實地存留在這個靈魂內，當信仰還沒有告訴她天主是誰，及她該當相信天主時，從那時刻起，她已經崇

敬天主了。」（城堡6・4・6）

當她重返已身時，靈魂繼續對此保持靈活的記憶，但是她無法言喻。大德蘭試著找出一些比喻，使所說的更清楚明白些。有一天，在她的一次旅途中，因長上的命令，聖女必須停留在奧爾巴（Alba de Tormes）公爵夫人的宮殿，夫人招待她參觀一間當時所謂的小廳堂（Camarín），這是那時代的貴族向來賓炫耀的地方。這些房間中「裡面有種類無數的玻璃器皿和陶器，及許多的物品，擺置得這麼整齊，進入時，幾乎是一覽無遺。」（城堡6・4・8）第一眼瞧見時，大德蘭非常驚訝，然後有個思想是：「這麼一大堆東西能有什麼用呢？」（城堡6・4・8）但是，善良又虔誠的她最後看出來的是，觀看這許多不同的東西能引領人讚美天主。現在她要對我們解釋：在神訂婚的神魂超拔中，天主所顯示的祕密是如何地不可名狀，她非常欣喜於能用她的所見所聞來說明這件事。

聖女陳述她的印象：「雖然我在那裡待了一會兒，有那麼多要觀看的物品，我很快全都忘得光光，以致那些東西什麼也沒有留在記憶中……同樣在這裡，靈魂和天主這麼合而為一……，當靈魂像這樣處於神魂超拔時，上主沒有必要總是讓靈魂看見這些祕密（因為靈魂正陶醉於享有祂，而這麼大的福樂為她已足夠了），有時祂樂於靈魂深深地陶醉其中，並迅速觀見那房間的內部，這樣，當靈魂返回己身時，仍能呈現所見的宏偉畫面；不過，她也說不出什麼。」（城堡6・4・8）同時，靈魂的理智如此飽滿，經過一天，甚或數天之久，「對於提醒意志去愛的事，她清醒得很……當靈魂完全返回己身時，她是多麼羞愧，又是多麼強烈至極的渴望，願專心致志於天主，無論天主要她以什麼方式來服事！如果前面說過的祈禱，如我們所說的，留下那些效果，像這個，這麼崇高的一個恩惠，又會是怎樣的呢？這靈魂會渴望擁有一千個生命，好能完全用來為天主效命，渴望塵世的萬有都化為唇舌，幫她讚美天主。做補贖的渴望，極為強烈……所以，當她們沒有機會受什麼苦時，這些靈魂會向至尊陛下抱怨。」（城堡6・4・14－15）有些缺乏靈性深度的現代理性主義者，有意要觀看神魂超拔，我們絕不是那樣的！神魂超拔對那些神祕者是承受更重負擔的起因。

神魂超拔中有個被稱為「心靈飛翔」的，它的標記是特別猛烈。就像巨人舉起稻草般地容易，同樣，我們偉大全能的天主帶走心靈，如同「子彈快速衝出，靈魂內在的部分展翅飛翔……非常的在靈魂之外，按照靈魂所能理解的一切，顯示給她宏偉的事物；當她恢復知覺，重返己身時，她發現有了這麼大的收穫，也這麼輕看所有的世物，與她所看見的相較之下，世物形同垃圾。」（城堡6・5・9）這一切恩寵引導我們更深入超脫，進入更崇高的道德生活。德蘭結論說：「這些都是珠寶，淨配開始送給祂的新娘……願那能賜下如此恩惠的天主永遠受讚美！」（城堡6・5・11）

天主仍允許魔鬼試探

但在第六重住所中，除了這些極令人渴望的默觀恩寵之外，聖女還述說了另一種超性的恩惠，她對這一點採取很不一樣的態度。我這裡說的是神見和啟示。

大德蘭已經區分了外在的、想像的和理智的神見，而且警告我們，這些恩惠很容易讓人受騙。所以她盡力給我們一些判斷的原則，指導我們如何分辨其來源。除了魔鬼之外，我們的想像也可能欺騙我們。理智的神見，似乎危險比較少，但在此我們要注意，她並非把「理智神見」的名稱保留給那些特別又明顯的神見。有時她使用這名稱是指含有豐富認識的神祕默觀恩寵。因此，她希望我們非常細心留神，因為有的時候，即使是在第六重住所，天主也可能允許魔鬼試探我們。簡言之，我們所在之處需要極其慎重。

關於以神祕方式通傳給靈魂的啟示或話語，我們可以說同樣多的話。它們有各種不同的種類，聖女大德蘭很熟悉聖十字若望所說的那些實體性的神恩，它們瞬間產生其實效。我們能看到，她有許多這樣恩惠的經驗，若得蒙這些恩賜，有時它們帶給靈魂許多的益處，至論其判斷的原則，聖女要我們非常審慎明辨。

說到想像的神見，她寫道：「我只極力勸告妳們，當妳們知道、或聽見天主賜給靈魂這些恩惠時，不要哀求或渴望祂帶妳們走這條路。雖然妳們認為這是非常好的道路，應該予以珍視和敬重，但卻不適宜，一些理由如下。」（城堡6・9・13－14）她繼續列舉這些理由，且表示她不願憑著直覺，即使是在精神的領域。「因為非常確定的是，這人會受欺騙，或很容易陷於危險……想像的本身，若懷有很大的渴望時，會使這人認為，他看見、或聽到那所渴望的，就像人日有所思，則夜有所夢。」（城堡6・9・15）

關於神見和啟示，要是說聖女大德蘭所寫下的教導，既清楚又確實，可以和聖十字若望比美，這可能有些誇張；雖然如此，我們還是可以結論說，她走的路線同樣是保留和審慎的。但願所有的神師奉行這相當安全的規則，也願這個規則有所約束時，所有的靈魂真的能順服！那麼將會避免許多的騙局，以及浪費大量的時間和精力。聖女大德蘭清楚地區分靈性恩惠的二個領域，讓人有所警覺，不致因輕信而受害，這是她的貢獻之一。

曼德和瑪麗都找到了天主

最後我們要談論的是神祕生活的高峰：發生在第七重住所的神婚。由於天主沛賜的恩寵，未婚妻新娘切望永遠與祂完全結合。有一種難以置信的痛苦抓住靈魂，「好像熾烈箭矢的襲擊」，有時把靈魂抛出己外。這是痛苦的神魂超拔，神婚結合的最後準備，愛的強烈熱望，聖十字若望對此也很明白（活焰3・26）。不過，隨之而來的是靈魂被帶入君王的內室。此後，在神魂超拔時，官能只是被滲透而已，在那裡，由於這光而十分盲目。現在，更好說，整個靈魂已經進入，卻沒有失去官能的運用。聖女大德蘭說：「現在我們的好天主希望除掉靈魂雙眼的鱗片，使她看見並理解一些所賜予的恩惠……」（城堡7・1・6）那時靈魂看見什麼呢？她看見自己被允許與榮福聖三不斷交往。「在這裡，聖三三位親自通傳給靈魂，對她說話，說明上主在福音中說的那些話：祂與聖父及聖神，要居住在那愛祂並遵守祂誡命的靈魂裡。」（城堡7・1・6）這個靈魂再不會失去這神性的交往，但並非經常是同樣清晰的，因為，如聖女所說，有時候「窗子全關上，而留在黑暗中。」（城堡7．1．9），不過時時刻刻都能清楚意識到天主的臨在。

現在靈魂同時是曼德和瑪麗，不再因為忙碌於外務使她分心離開天主（城堡7．1．10）。這樣就是第七重住所的實質：神婚的恩寵不變地包圍著靈魂，現在靈魂必然已完全神化。在靈魂的中心，基督親自顯示其至聖人性，使靈魂和祂結合，永不分離。「靈魂（我是說這靈魂的靈）與天主合而為一……就像是天空的雨水落入江河或泉源裡，在那裡全都是水，已經無法區分。」（城堡7．2．3–4）聖女重覆聖保祿的話說「我在基督內生活」。「小蝴蝶死了，而且懷著至極的喜悅，因為她的生命已成為基督。」（城堡7．2．5）

當大德蘭述說有關這新生命的觀念時，她感到愉悅的言詞從內湧現，有如翻騰的河水傾瀉，促使她揮毫疾書：「從那神性的胸懷——在那裡，好似天主經常滋養靈魂——流出奶水，使城堡所有的人得到安慰……從那湧流洋溢的河流——在那裡，小小的水泉已經耗盡——有時迸出一道水來……就像一道強勁的水不會達及我們，如果沒有源頭的話，如我說過的，這樣就可以清楚地明白，在靈心深處有一位，祂射出這些箭矢，賜生命給今世的生命，靈魂的深處也有太陽，從中發出一道強光，傳送達及官能。」（城堡7・2・6）其中躍動的生命是何等深邃、無垠、神性，誰能感受不到呢！

當聖女大德蘭反覆深思，這能屬於我們的神性結合多麼豐盈富裕時，她很感動：「啊！我的女兒們！我們所放開的根本不算什麼，對一位這樣願意通傳自己給微蟲的天主，無論我們做了多少，或能做多少，都算不了什麼！而如果我們巴望，甚至在今生就享受這個福樂，我們在做什麼呢？在什麼事上耽擱不前呢？……雖然這是真的，天主賜恩給凡祂願意的人，但如果我們愛至尊陛下，如同祂愛我們，祂會把一切全給我們。除了要擁有得蒙祂賜恩的人之外，其他的什麼祂都不渴望。」（城堡6・4・10、12）

受苦是愛的標記

雖然如此，當她向我們敘述神化結合的豐盈富裕時，大德蘭堅持她的原則：這些恩寵對於聖德並非必須的。天主能以多種方式致富靈魂，也能帶領她們達到這些住所，而不必經過（神祕結合的）「捷徑」，我們無庸置疑，達到這些住所是可能的（城堡5・3・4－5）。

事實上，在今生並非人人喝到等量豐富的活水泉，至於和聖德生活密切不分的聖神光照，沒有必要全部以靈魂能理會到祂的強烈方式臨現，亦即，不必全部讓靈魂處在實際體驗的被動境界中。聖神的光照也可以是非常普及、而很少能被理會的，但是卻能普遍地貫徹聖善靈魂的生命。所以，一個靈魂能夠是聖善的，但對神祕祈禱卻無所體會，然而，沒有這樣的支持，她的道路必然是艱辛的。如果沒有經驗到神祕結合中新生命的歡愉，靈魂必須獨自死於自我，「我承認，這個死亡需要較多或更多的費力。」（城堡5・3・5）

儘管神祕結合是非常寶貴的，但大德蘭仍然更偏愛委順的結合、圓滿的愛情、成全的道德。這在她所切望的對象中占了首位。「這個結合是我畢生所渴望的，是我經常向上主祈求的結合，這也是最清楚和最安全的結合。」（城堡5・3・5）按聖女的看法，即使是最崇高的神祕恩寵，也要以實現成全愛德的結合作為目標。《靈心城堡》的最後幾頁中，她有意透露：「上主在這世上賜予這麼多恩惠，其目的何在……從恩惠的效果，如果妳們加以留意，妳們已經懂了……。」（城堡7・4・4）事實上，我們能看到聖女列舉的效果，她所偏愛的，總是回到道德的進步。「在這裡，我還想再對妳們說這事，因為，免得有人以為，恩惠只是為了取悅這些靈魂，這是很大的錯誤……，所以我認定，這些恩惠是為了堅強我們的軟弱，為能在祂極度受苦方面效法祂。」（城堡7．4．4）

受更多的苦！在受苦和犧牲中效法祂，這是愛情的偉大標記，而愛是一切！《靈心城堡》以一首愛的讚美詩結束，我們從中看到，這是最後的，聖女大德蘭願意把自己完全獻給天主。「上主不是那麼看工作的偉大，祂看的是工作時懷有的愛。」（城堡7．4．15）但愛確實是在犧牲中顯示出來的。「在今世生命延續的短暫片刻，我們以內在和外在的方式，獻給上主我們能做到的犧牲。」（城堡7．4．15）真正的愛人給出一切所有，他寧可給予，而非領受。

新生命還要繼續增長

隨著聖女大德蘭的引導，我們穿越了靈心城堡的不同住所。聖女盡可能地向我們說明，在那被天主導向神祕之路的靈魂內，祂所完成的神妙化工。她指示我們，為何自獻於天主的靈魂常能了悟她已擁有一個嶄新的、神性的生命。在明路中，神性的灌注逐漸擴張，以灌注的收心來預備靈魂，在寧靜的祈禱中抓住她的意志，隨之也使另外二個官能著迷，但還沒有剝奪靈魂個人完全的合作。為此，明路之中的祈禱還不是完全被動的。至於合路則相反，其特質是更完全的被動。在此我們提到死亡和再生。經過蠶的蛻變後，靈魂死了，為能再生為小蝴蝶，成為天主的新娘。以自我捨棄，死於世界和自我，藉著較低的神祕恩寵的預備，靈魂因著迷出神而離開自我，度起短暫性的神性生活，除了說「是」，她沒有其他的自由，她別無選擇。但是這個新生命還要繼續增長，神性的接觸會持續下去，變得愈來愈頻繁，直到靈魂被帶進不斷結合的境界，到那時，她幾乎不再失去與心愛主的交往。此即神祕結合的恩寵。

由此可見，靈修生活的層次和神祕祈禱的深度，兩者間有著相當的一致性。在明路，當超性生命尚未成全時，我們發現其默觀方式仍未完全被動，到了合路，或稱之為成全之路，天主完全占有靈魂。某些時候，靈魂意識到在她內天主的超性行動，按其靈修生活的境界，具有或多或少的明晰和力量。的確，如此的意識，似乎不是聖善生活的本質，可是，這是由於強烈的神性光照所產生的，一個預備妥當的靈魂不會被拒絕得到像這樣的恩賜，我們可以結論說，這常可以在圓滿和成全的聖德中發現。

有時，這些默觀的恩寵隨著一批神見和啟示而來。這些恩惠可以說並非那麼重要，但卻非常容易使人上當受騙。不過，所有的超性恩寵都具有相同的目標，為的是預備靈魂修持寬宏大量的、慷慨的愛德。如果我們在今生得到天主賜予的超性恩寵，那是要我們能更多地給予！

讓祂在我們身上成就

從聖女大德蘭的教導中，我們可以區分三種神性的恩賜：神見和啟示、神祕默觀、成全的愛。這三種都很寶貴，然而她教導我們要採取不同的態度應對。第一種是神見和啟示，我們不可求天主賜給我們這種恩惠，甚至不可以渴望。如果不這樣做的話，會上當受騙，且誤入歧途。

第二種恩賜是神祕默觀，這就不同了，我們可以渴望的。大德蘭教導我們，為了得到這恩賜，應如何整頓我們整個的克修生活。總之，神祕默觀不是達到聖德非有不可的。不過，雖說不是絕對必要的，卻是一個很大的幫助。此外，對那以無比的慷慨預備好自己的靈魂，絕不會完全得不到這恩賜。這個靈魂不會經常得到實際體驗的神祕祈禱，但是，如果她不因缺乏勇氣而半途而廢，有一天她必能喝到活水泉，至少能喝到一些。因此，默觀可以稱之為我們靈修生活的終點，但卻不是我們的努力可以直接要求的，我們必須仰賴天主的仁慈才能獲得。再者，這不是個最後的終點，這是惠賜給慷慨修持愛德生活者的。

第三個恩賜是成全的愛，她毫無保留地推薦給我們每個人，作為我們必須追求的目標，而且只要我們願意，我們必會得到。這和完全翕合主旨是一致的，竟至於除了悅樂心愛的主，我們什麼也不要，即使必須付出極大的犧牲作為代價，也在所不惜。

這是聖女向來渴望的結合，是她一直祈求的，「絕不要懷疑」，這是我們能夠主動獲得的，就是說，無須經過神祕結合的「捷徑」就能獲得。在此，我們面對的是聖德生活的真正終點。這個終點和默觀的理想有所不同，因為這是確信可以得到的，也因為它更值得被稱為終點。這是我們的努力可以直接要求的。再者，成全的愛對於靈修的成全是絕對必須的，不但如此，達到成全的愛，也就是達到整個的聖德。

聖女大德蘭非常邏輯地引導靈魂，以繼續不斷和絕對的態度注視那目標。然而，對於默觀，她的態度則非常細膩。我們必須不計任何代價地達到成全的愛德；默觀是極令人渴望的，沒有錯，因為它帶給我們去愛的新活力，但那是天主自由給予的恩賜。我們必須避免過分地認為勢在必得，尤其是，要放開勢必獲得的權利。我們必須做的是，盡最大的努力除去障礙，不致阻擋如此有效之神聖恩賜的給予，然而，在經過慷慨的預備後，我們必須承認自己是「無用的僕人」。

再者，此乃獲得默觀的最確實的道路。天主多麼喜愛謙虛！「謙虛能吸引國王，從天上降到聖童貞的胎中。」（全德16．2）我們渴望勉強我們神聖新郎的手嗎？我們願意如大德蘭所說的，「將」死國王嗎？除了謙虛，還是謙虛；因為「沒有一位皇后，能像謙虛那樣，使國王降服。」（全德16．2）

「女兒們，我們是祂的；讓祂在我們身上成就祂所願意的，帶領我們到祂願意的地方。我非常確信，凡真正謙卑自下和超脫的人，上主不會不賜予這個恩惠，及其他我們不會想望的許多恩惠。願祂永受稱揚和讚美，阿們。」（城堡4．2．10）

第五章

祈禱，絕不可離開耶穌的至聖人性

我們描述聖女大德蘭的肖像，她是靈修生活的大師，擅長於訓練靈魂，但如果我們忽略了她整個靈修中最具影響的特點——可謂其教導的中心特點——那麼我們無法勾劃出聖女的完整形像，也不能完全探究其教導的基本重點。我們把這個重要的位置歸於登上靈修生活高峰時的耶穌至聖人性。

關於靈修生活中這個微妙且頗有爭議的問題，聖女採取的立場既清楚又獨特。不管靈修生活中處於什麼階段，要付出什麼代價，她都不許我們離開耶穌的至聖人性。關於這個問題，不是所有的神祕學作家都同意她的看法。我們看到，在默觀生活中默想主耶穌的方式有二個相反的趨勢。㉕許多人隨從聖女的觀點；有的人則持相反的看法，認為停留在那樣的默想中，設想某些特別的情景，甚至會阻礙靈魂在默觀上的進步。

我們要從神祕默觀的性質來追究這個反對的理由。其中一個明顯的特性是，想像居於非常拘束的地位。的確，像這樣的默想，最清楚的特性是完全沒有想像，竟至堪稱之為「純」默觀。㉖處於如此的默觀，靈魂以普遍的方式充滿天主的認識，而且以純信德的方式，致使她失去，或者說，幾乎失去所有對想像力的意識。那麼，許多神學家問道：在今生，靈魂能否獲得一種默觀，即完全沒有所謂的 conversio ad phantasma

25. Valentin Breton, O.F.M. *L'imitation du Christ*. Dans LE Christ. Encyclopedie populaire. Paris, 1932. Le role de l'Humanite Sainte dans la contemplation, p. 783.

26. Baldassare de S. Caterina. *Splendori riflessi*, p. 159 seq.

（轉向現象）？㉗

因此，某些靈修作家願意幫助靈魂增進神祕的認識，他們往往假定天主已經開始賜予這個恩寵，於是勸告靈魂在祈禱時使用想像要非常節制。而由於人的心思易於將想像普遍化，因此在限制想像方面，有的人延伸到禁止所有對耶穌至聖人性的思想。按他們的意見，當天主開始引導我們進入隱晦的默觀時，在這個祈禱的階段中，最好不要去想降生的聖言，好能整個地躍入天主臨在的普遍意識中。從另一方面來說，通常這只是個暫時性的方法問題而已；一般而論，這些作家承認，當靈魂更加成熟時，逐漸習慣對信德的默觀，且達到更成全的神祕生活時，靈魂會重返耶穌的至聖人性。由此顯然可見，現代的理性主義者是多麼錯誤，他們視純信德的默觀修持為一種分離，分開天主教會的信理和神祕家的活潑信德，以為神祕家信德的發展和信理是兩碼子事。有時候，甚至會發現，那些人毫不遲疑地認定神祕聖師聖十字若望也持那樣的態度。㉘我無意在此反駁這些偏差的謬論；我的唯一目的是論述什麼是聖女對於耶穌至聖人性的觀點，這個方法是由那些受人尊敬的公教作家所推薦的。

†　†　†

27. 這句話的意思，簡單的說，就是指完全沒有形像的默觀。Joseph a S.S. *Cursus theologiae mystico-scholasticae*. Tom. Ⅲ . Disp. 17, q. 4.

28. J. Baruzi. *Saint Jean de la Croix et le probleme de l'experience mystique* Paris. 1924

可以說，聖女直接接觸到主張那種學說的人，他們勸告說，在某種情形下，靈修生活中主耶穌的所有顯現都應該遏止。她在那時代的靈修書籍中找到這樣的說法，也在從她所討教的神學家口中聽到，她有時和這些人討論她靈修生活中的問題。我們說「討論」，因為當它是個教導的問題時，應該可以被經驗測試，這位謙虛的聖女毫不遲疑地，把她所觀察的事實交託給博學的司鐸來評斷。的確，她欣然樂意地這樣做，但並非沒有堅持，甚至也會固執不屈，我們將在這個討論中看到，大德蘭選擇全心地「站在主耶穌的那邊」。大德蘭欣喜於放棄俗名，取會名為「耶穌的德蘭」，她不再是奧瑪達的德蘭。[29]現在我們要來探索，她如何將永遠是「耶穌的」，她又如何「受不了」離開祂，即使是在大德蘭最珍愛的默觀中，也不可離開祂。絕不離開！大德蘭永遠是「耶穌的」德蘭！

她將親自提供給我們探討中的確實資料。那時我們會瞭解她的觀點所建立的基礎，最後我們讓她來教導我們，為何基督可以在整個靈修生活中作我們的伴侶。

心中所有形像必須去除？

29. 聖女的俗名是 Teresa de Ahumada。

聖女大德蘭的書中，有二次明顯地談到上述提出的有趣問題，而這二次當中相隔十五年之久。不過《靈心城堡》（城堡6．3）仍是完全忠實於先前《自傳》中的教導，雖然我們覺察到所寫下的原則更加詳細。《自傳》22章中問題之由來涉及祈禱的修持，可是我們會看到它對整個靈修生活也有影響。

大德蘭讀過一些談論祈禱的書，其中包括方濟．奧思納的《靈修初步》㉚，這些書如何呢？其主張為：一旦靈魂在靈修生活上有些進步時，她能幫助自己享有更高的默觀，藉著「高舉心神，超越所有的受造物，謙虛地高舉靈魂。」（自傳22．1）不要以為這裡的意思是指普通地超脫所有的事物，亦即大德蘭極力推薦給尋求默觀靈魂的超脫；這裡的問題是一種修行，目的是在主動默觀祈禱時，除掉心思意念中所有的形像。聖女說：「他們極力勸告人，驅逐一切有形體的形像，以之達到神性的默觀。他們說，在那些進修者的情況中，這些具有形體的形像，即使指的是基督的人性時，對於最完美的默觀都是妨礙和阻擋。」（同上）

當聖女閱讀這些書籍時，她沒有神師的指導，那時她多少確信此一教導。「當我開始體驗一些超性的祈禱時，我是說寧靜的祈禱，我努力撇開任何有形體的事物……我感受到天主的臨在。就是這樣，我努力收斂於祂的臨在中。這是個津津有味的祈

30. Francisco Osuna: *The Third Sipritual Alphabet*.

禱，如果天主從中援助，則是非常愉悅的。由於我體驗到這樣的益處和安慰，再沒有人能使我返回基督的人性；事實上，我認為這是個阻礙。」（自傳22・3）她不會長久堅持這個錯誤的路線，因為她很快就體驗到其中的困難。現在當她回想起這事，她感到椎心的痛苦。「啊！我靈魂的主，我的美善，被釘的耶穌基督！每一念及我的這個看法，無不令我痛心疾首；我覺得自己變成可怕的叛徒，雖然是出於無知……我的主啊！這是可能的嗎？視祢為得到更大恩惠的阻礙，這樣的看法能進到我的腦袋裡，甚至逗留一個小時之久嗎？除了祢，我的所有福祐從何而來呢？我很不願想及自己在這一點上的過錯，因為使我深感痛心……」（自傳22・3－4）

該善用對耶穌的記憶

上述的引言摘自她的《自傳》，已經清楚地提出錯誤的觀念，顯然地，聖女由於隨從那對我們的主有失尊敬的勸告而深感痛心，不過她的觀念隨著年歲的增長而日益明確。儘管她碰到反對的意見，我們看出來，她的觀念愈來愈堅定明確，在《靈心城堡》中，她說：「雖然在這事上，別人反駁我，說我不懂……一旦過了初學階段，最好關注於神性的事物，而避開肉體的事物，至於我，我則不承認這是良好的道路……請注意，我敢說，若有人對妳們說不同的事，妳們不要相信。」（城堡6・7・5）當問題係屬保衛我們的主耶穌基督時，大德蘭毫不畏懼！

雖然如此，如果因而認為她完全反對一切所謂思想的「淨化」，則是錯誤的；她保留的是直接關於耶穌的至聖人性。她回想起某些作家的教導，要我們存想自己整個沉浸在天主內，被祂處處包圍著，不許我們運用想像。她說：「我認為，有時候這是好的；不過，完全避開基督，或把基督的至聖聖身和我們的可憐境況，或一切受造物，等同看待，這是我無法忍受的！」（自傳22・1）看樣子，不只一次，她的反對者引用聖經強力辯護他們的主張，因為她二次提到這事說：「有人引證上主對宗徒們說的話，祂離去是有益的。」（城堡6・7・14）不過，大德蘭不容許這段經文應用在我們的情況中，且極力反駁：「我不能忍受這話。我敢說，祂沒有對祂的至聖母親說這話，因為聖母堅定於信德，知道祂是天主又是人；而且，即使聖母愛祂勝過宗徒們，愛得這麼完美，基督的臨在也不是阻礙，而是幫助。在當時，宗徒們並沒有這麼堅定於信德，如同後來那樣，所以現在我們這樣是有理由的。」（城堡6・7・14）我們和聖神降臨前的宗徒立場不同。「我認為，如果他們有信德，就像聖神降臨之後的信德，相信祂是天主，也是人，耶穌至聖人性的臨在就不會阻礙他們。」（自傳22．1）修持心禱的靈魂已經相信耶穌是天主也是人；其情況約略相似聖母，而「這些話不是對天主之母說的，雖然她比一切人都愛上主。」（同上）如果基督的人性臨在對榮福聖母總是有助於更愛祂，那麼對於愛的靈魂亦然，她知道如何善用對耶穌的記憶。

我們看到大德蘭相當有決心。她明確地採取立場，反對那些作家的觀點，那些人說靈魂能幫助自己在默觀上進步，為達此目的，勸告靈魂要習慣於不運用想像，甚至不想我們的主。她所譴責的不是默觀的靈魂要有節制地使用想像，而是她絕不能容許故意和強迫性地禁止靈魂存想耶穌基督。我們來聽聽她的理由。

靠自己，就錯了！

大德蘭之所以採取非常果斷的立場，其理由是這完全符合她的基本教導。她已經為我們提出了靈修生活的雙重目的：默觀和成全的愛德，她也教導我們以非常不同的態度來渴望這二個終極。我們可以渴望默觀，也能以極度捨棄自我的生活來準備自己獲得；不過，任何直接的企求是沒有用的，因為這是個天主白白給予的恩賜，給予

「祂所願給予的人，在祂願意的時候，按祂的心意給予。」所以，關於得到默觀，我們必須捨棄自我於天主。如果不這樣做，則是我們缺乏謙虛的記號，然而，使我們得到默觀的最好準備確實是謙虛。

另一方面，我們必須不計代價地追求成全的愛德，用盡全力，修持最高的德行，努力振作精神度慷慨的生活。嚴格說來，若要達到成全，我們不需要默觀，但我們確實需要耶穌。「為了達到默觀，上主無須賜給我們崇高的禮物；天主在祂的聖子內給予我們的，就已足夠了，祂會教導我們這條道路。」（城堡5．3．7）是的！成聖的道路就是效法主耶穌！因此，靈魂以更深入默觀為藉口放棄主耶穌，實際上，其採取的立場正式地相反德蘭學派的基本指導原則。這就是不用天主賜給我們的援助來幫我們前進修德，由於缺乏謙虛，靈魂自陷於憑己力來獲取默觀的恩寵。大德蘭非常清楚地為我們指出這二個結論。

天主還沒要我們飛起來

採取避免想到我們的主，來高舉自己達到更高的默觀，像這樣的教導，追究到底，不是我們心禱時該採取的錯誤態度。「天主尚未提拔靈魂之前，就想要自我高舉靈魂，其中存有小小的不謙虛，因為不滿足於默想一些有價值的事理，及尚未和曼德一起工作，就想要做瑪麗。」（自傳22・9）如此的做法造成個人憑己力勉強深入神祕默觀，然而這是絕對不許可的，而且是相反謙虛的記號。聖女說：「當一個靈魂為了得到結合的祈禱，所做的任何自己的努力，雖然起初看來好似有進步，不過，我確信這不是建立在堅固的基礎上，這個建築物會很快化為廢墟㉛……這個小小一丁點的缺乏謙虛，即使看起來不算什麼，卻造成在默觀上進步的大損害。」（自傳22・9）事實上，達到默觀的必要準備之一是很深的謙虛，極度的自我捨棄，聖女大德蘭說，這個真正的神貧不在於尋求祈禱中的愉悅和甜蜜，藉以取代我們所放棄的世樂，的確，我們所尋求的安慰在於為愛祂而受苦，祂的一生都是受苦的。如果我們希望達到默觀，絕不可藉著避開我們的主耶穌，單憑己力去獲取，但我們可以藉著相似祂，仰望祂的仁慈以獲得默觀。

大德蘭不許我們用己力來干擾完全由天主作主的事。「人必須自由地行走這條道路，把自己放在天主的手中。如果至尊陛下願意提拔我們，成為祂的密友，並分享祂的祕密，我們該欣然接受；如果不是，我們就該以謙卑的工作服事，而不要坐在上

31. 譯按：無法在《自傳》22章找到這句引言，但類似的思想可以在《自傳》22・11找到。

座。」（自傳22．12）如果天主提拔我們的時機已到，祂會知道如何行事，無須我們除掉對耶穌的至聖人性的思想，祂不需要我們的幫助。「啊！當天主願意時，祂會多麼公開地顯示出來，無須我們這些小小的幫助！因為無論我們多做多少，祂帶走心靈，彷彿巨人拿起一根稻草，根本抵抗不了。」（自傳22．13）她繼續打趣地說：「以為癩蛤蟆應該期待，隨時願意時，就能自己飛起來，這是個多麼古怪的信念啊！」（同上）不過，在天主還沒有要我們飛起來之前，千萬不可妄自高舉。此外，除非天主認為時機適宜，提拔我們的心神達到更高的等級，任何的自我高舉都是徒勞無益的。當所面臨的是白給的恩寵時，我們必須滿足於祂的恩賜。大德蘭說明其間的關連說：「如果一個人的聲音不好，無論多麼辛苦地賣力高唱，對他毫無用處；倘若天主願意給他好嗓門，那麼就無須事先吊嗓子。」（自傳22．12）

再者，不願存想我們的主耶穌，從別的方面來說，顯出缺乏謙虛。謙虛的大德蘭說：「誰會這麼驕傲和可憐——如同我這般——畢生辛勞，行好多的補贖、祈禱，及遭受可能想像的迫害之後，上主容許他和聖若望一起在十字架下，他不會感到，這是個很大的富足，很好的回報嗎？只有像我這樣愚笨的人，才會感受不到是個很大的富足！」（自傳22．5）雖說如此，真有不少這樣愚笨的人！他們擔心會擾亂默觀中的寧靜，會阻止他們更專注於天主。總之，大德蘭重新調整一切：「當天主願意休止所有的官能時……顯然，即使我們並非這麼願意，這個至聖人性的臨在會被拿走。那麼，就喜樂地順其自然！……然而，認為我們要熟練又細心地習慣於，不去使盡全力，謀求保持至聖人性的經常臨在，我說，這就是我不認為好的。」（自傳22・9）

從聖女大德蘭的教導中，我們能推論出一個實際的規則：當我們對主耶穌的思想消失時，若只因為我們專注於天主，那麼，一切都沒有問題；但若是故意地拒絕，不要有任何耶穌的內在顯示，完全不願記得祂，好像祂是祈禱的障礙，這是絕不容許的。大德蘭受不了這事，她說：「靈魂飄浮在半空，如同人家說的；看起來，靈魂彷彿沒有支持，無論他多麼自認為充滿天主。這是一件很重要的事，當我們仍生活在世上，仍然是人，我們就需要人的支持。」（自傳22・9）

我們不是天使……

大德蘭勸阻我們的第二個理由，非常清楚地指出我們多麼需要得到耶穌至聖人性的支持。大德蘭似乎透徹地明瞭，我們可憐的人性在親近天主時，多麼需要降生奧蹟的幫助。如果聖言降生成人是為了要親近我們，在我們方面，卻不願意藉助至聖人性來親近天主，這是多麼不合理啊！她當然不要我們失去如此的支持。

聖女大德蘭和她的幾位女兒，走遍卡斯提亞和安大路西亞（Andalucía）的崎嶇道路，她們坐在封閉的大馬車內，以帆布遮蔽炙熱的太陽，真是一座旅行的隱院；她四處奔波，創立修院，她稱修院為「聖童貞的小鴿房」，那時，她總是在膝蓋上懷抱著一尊小耶穌態像。她隨著馬車的顛簸而搖動，看來好似搖擺著小態像，大德蘭深情地注視著聖像。由於這小聖像的幫助，這位默觀者的內在眼目輕輕地高舉，深入聖言降生的奧蹟中，她的心，一顆「真淨配」的心，渴望著完全為祂犧牲自我，她會從心裡輕輕哼著捨棄萬有的愛情催眠曲：「萬有——虛無」，「虛無——萬有」！有一天，她的一個靈性神子會將之譯為不朽的詩詞：「為達到享受一切，不要渴望享受什麼。為達到占有一切，不要渴望占有什麼。……」[32]主耶穌的至聖人性絕不是阻礙，而是我們達到默觀的幫助。

我們來傾聽聖女大德蘭的教導，多麼充滿基督徒的正常意識！「我們不是天使，而是還有血肉之軀。當我們仍在塵世——而且是這麼地活於塵世，如我這樣——就想要當天使，這是很愚笨的。通常，思想需要有點支持。」（自傳22・10）「完全沒有肉

32. 「一個靈性神子」指的是聖十字若望，請參見《攀登加爾默羅山》1・13・11（2019，台北，星火文化二版）

身，是屬於經常燃燒愛火的純靈天使，而非活在有死肉身內的我們。」（城堡6．7．6）大德蘭繼續指示我們，這原則如何真實地應用於我們的祈禱生活，及我們的修練德行。

天主深愛我們的證據

事實上，當靈魂行走於明路的期間，通常開始被導入隱晦信德的默觀。於此階段，她必須開始自我修行，以獲取德行，此時她的祈禱逐漸單純化，或許更可以說，是神性光明的灌注。不過，這取決於天主，看祂何時給予，且隨其心意而定。我們不會天天蒙受相同的恩惠。有時我們特別地恩寵滿被，有時恰恰相反，如果不想浪費時間，或陷於某種的寂靜主義（quietism），那麼我們必須幫助自己。當我們處於感到被捨棄的時期，甚至可以將之取代為有感性安慰的收心，我們會看到，大德蘭多麼清楚知道神性恩惠的變化不定。

當我們感到恩惠不多時，聖女大德蘭絕對肯定，我們必須開始工作。「當所說的意志內的火沒有燃燒，又沒有感受天主的臨在時，我們必須尋找這臨在；至尊陛下要的是這個，如同《雅歌》的新娘所做的。」（城堡6．7．9）那我們要做什麼呢？大德蘭知道，那些經驗過默觀的靈魂，有時對理智的工作多麼覺得厭煩，她們願意繼續用意志工作；然而她認為「要使意志燃燒，往往需要理智的幫助。……雖然意志沒有死，但那火卻已經快要熄滅了（這是常常使意志燃燒的火），所以需要有人煽風吹氣，使火冒出熱力。」（城堡6．7．7－8）

這就是理智的工作，還有什麼比默想降生的奧蹟更能灼燃愛火的呢？聖言降生成人，清楚地顯示天主是何等地深愛我們！而我們不願去想主耶穌，藉口說這會阻礙我們默觀，因為那時可能天主會意外地賜給我們默觀，這是何等荒謬啊！我們怎知道天主何時賜予呢？我們毫無必要干涉天主的計劃！大德蘭說：「我們不要像傻瓜，浪費時間在等待那某次所曾給過的什麼，對於初學者，有可能在一年內，甚或多年，上主不會賜給她們。至尊陛下知道為什麼；我們不要想知道，也沒有什麼必要。」（城堡6．7．9）

因此，我們必須行動。聖女略帶譏諷的口吻說道：「如果靈魂帶著這個乾枯，等待火從天降下，焚燒自獻給天主的這個犧牲，如同我們的會父厄里亞所做的，這樣好嗎？不好，確實不好，等候奇蹟也不好。」（城堡6．7．8）所以我們著手動工吧！

「然而，我們曉得的道路是，必須藉著遵守誡命和福音勸諭，來取悅天主，我們要很勤快的走在這條路上，默想祂的一生和死亡，及我們虧欠許多；當上主願意時，其餘的自會來到。」（城堡6．7．9）

從聖女的過錯受惠

不只在修持心禱時，我們需要主耶穌使之結實纍纍，而且在修德時，我們發現默想祂也是極有幫助的。耶穌基督真是我們的大善表，如果我們要成為聖人，祂是我們必須效法的對象。大德蘭說：「在此路上，您得以安全行走。經由我們的這位上主，一切福祐會臨於我們。祂會教導我們這些事。觀看祂的一生，這是最好的模範。」（自傳22．7）

可是，如果我們不在祈禱中存想祂，單就心理層面而言，一整天中，我們也不會習慣地想到祂。耶穌這神性的模範不會親臨於我們。然而，我們卻如此地需要基督！「因為生命漫長，一生的困苦很多，我們必須注視著我們的典範基督，看祂怎樣忍受痛苦，甚至也要注視祂的宗徒和聖人們，為使我們能成全地受苦。好耶穌是非常好的伴侶，我們不要離開祂，祂的至聖母親亦然。」（城堡6．7．13）我們確實應該經常保持這珍貴的伴侶！聖人們正是這樣做的，即使是他們中最大的默觀者，大德蘭仍堅持這個看法，她刻意地檢視他們的生活，好能更妥當地教導我們。「我細心觀察一些聖人和大默觀者的生活，他們並沒有採取別的道路：聖方濟（St. Francis），以他的五傷證實這條道路；巴杜阿的聖安東尼（St. Anthony of Padua）則以耶穌聖嬰；聖納德欣喜於至聖的人性；瑟納的聖女佳琳（St. Catherine of Sienna）……，還有其他的許多人。」（自傳22．7）

此外，難道不是我們的主親自教給我們這條道路的嗎？聖女大德蘭在聖經中找到證明：「我們的主說，祂是道路；上主也說，祂是光，除非經過祂，誰也不能到父那裡去……」（城堡6．7．6）我們不可被某些註釋家的意見所左右。「他們說這些話別有含意。我不懂有什麼別的含意，而根據我的靈魂經常感到的這個含意，這是真的，我一直心安理得。」（城堡6．7．6）她那健全的基督徒意識，由於天上神光的豐沛光照使她得到寧靜，且確信她找到了真理。

大德蘭離開耶穌嗎？絕不！她曾犯過一次錯誤，那已足夠了！在她不想耶穌的那段期間，「思想飄忽不定，至於靈魂，我覺得好像一隻小鳥，盤旋飛翔，找不到歇息

之處，浪費很多的時間，德行沒有進步，祈禱也沒有改善。」（城堡6・7・15）

大德蘭希望我們受惠於她的過失，要我們以不斷默想耶穌來培育靈修生活。「每當我們想到基督時，應該記起祂的愛，祂以此愛賜給我們這麼許多的恩惠，也要記得，天主顯示的是何等的大愛，賜給我們擁有基督的愛作為擔保，以致愛情導出愛情⋯⋯萬一上主恩待我們，將此愛深刻於我們心中，一切都會成為容易的，我們也會迅速而不費力地做好工作。」（自傳22・14）現在我們要來看看，透過靈修生活的各階段，我們如何修持這愛情根源的臨在。

生活在祂的臨在中

大德蘭是與主親密的大師，她會指示我們，如何在我們整個的靈修生活中更深入與主親密。

從一開始，心禱應該已經帶領我們靠近耶穌，事實上，根據聖女的看法，靈修道路的初期階段中，通常心禱的主題該是主耶穌的生活。（自傳11・9）靈魂必須用理智工作，以徹悟基督生活的美，接下來，她要引導理智和祂更親密地談心。「靈魂能置身於基督的臨在中，漸漸地習慣，因祂的至聖人性而被愛燃燒。他能保持上主的不斷臨在，和祂談話，請求自己的急需，抱怨自己的辛苦，在享樂時，情願與祂欣然同在，不因此而忘記祂。」（自傳12・2）

如果主耶穌本該是我們畢生的伴侶，則我們有必要從一開始就習慣於生活在祂的臨在中，再者，這是進步的極大幫助，「這個保持基督臨在於我們的方法，在所有的階段中都是有益的，而且是處在初步的祈禱境界中，非常安全的進步方法，可在短短的時間內，達到第二個等級（亦即寧靜的祈禱）。」（自傳12・3）

然而，她向我們解釋，為何我們應該默想：「我們來想想基督苦難的一幕，我們說，當主被綁在石柱上。理智隨著尋找理由，以之明瞭至尊陛下在孤寂中，忍受的至極悲傷和疼痛……深思一下，想想祂在那裡忍受的痛苦，為了什麼，而祂又是誰，祂忍受痛苦所懷的愛，這是很好的。」（自傳13・12、22）

不過，雖然她明白這些方法的價值，這也是她那時代的神修作家極力推薦的，理智的工作是有幫助的，然而，大德蘭仍要我們在祈禱時保留多些時間給心工作，而非給理智。「那些修行推理思考的人，我說，他們不該用全部的時間做思考……如我已經說過，他們應該置身於基督的臨在中，不要勞累理智，要和祂談話，愉悅地和祂在一起。」（自傳13．11）「他們能保持上主的不斷臨在，和祂談話，請求自己的急需，抱怨自己的辛苦，在享樂時，情願與祂欣然同在，不因此而忘記祂，設法對祂說話。」（自傳12．2）

她希望盡力使我們的心禱容易些，而當我們有主陪伴做心禱時，真的是容易些。聖女大德蘭在《全德之路》中教導祈禱時，她帶領女兒們直接達到基督。我們來聽聽她所說的：「首先必須審查良心、告罪和劃十字聖號。那麼，女兒們，既然妳們是單獨的，妳們要盡力找一個伴侶。而還有比教妳們唸這祈禱文的老師更好的伴侶嗎？設想上主親自和妳們在一起，請注意看，祂懷著何等的愛情和謙虛教導妳們。要相信我，妳們要盡所能地，和這麼好的朋友相守不離。如果妳們習慣有祂在身旁，而祂也看到妳們滿懷愛情，盡力取悅祂，如人們說的，妳們就會離不開祂；祂也絕不會辜負妳們；在妳們的所有磨難中，祂會幫助妳們；妳們到處都有祂。有這樣的朋友在旁邊，妳們想這是件小事嗎？」（全德26．1）大德蘭要我們時常注視祂：「要是做不到，即使是一下子也好！既然妳們能看非常醜陋的東西，難道不能看所能想像的最美事物？但是，女兒們，妳們淨配的雙眼卻從不離開妳們。祂已忍受成千次反對祂的醜陋又可惡的事，而這些都不足以使祂不看妳們。要妳們轉移眼目，不看這些外在的事物，有時也注視祂，這算過分嗎？」（全德26．3）

以下是一些非常實際的勸告，可加深對祂臨在的習慣性意識：「有助於此的是，帶一張妳們喜歡的上主聖像或畫像，不是拿來掛在胸前，從來看都不看一眼，而是為了經常和祂談話；祂會推動妳們該說什麼。」（全德26．9）使用這個方法，靈魂會真的很快達到和我們的主親密地交往。

耶穌，真實的臨在

再者，我們不只是隨意地想像而已，我們也有其實體。耶穌在聖體內！大德蘭多麼愛祂！如果她堅持主張，她所強烈反對的祈禱是「危險的」，其中的一個理由是：「魔鬼能導致喪失對至聖聖事的敬禮。」（城堡6．7．14）

她多麼深切地相信和熱愛主在聖體中的真實臨在！談到她自己時，她說：「上主賜給她這麼活潑的信德，當她聽到有人說，想活在基督——我們的至善——行走於世上之時，她會對自己笑笑。因為在至聖聖體中，我們如此真實地擁有祂，如同祂在世時一般，她不明白，究竟他們還想多要些什麼呢？」（全德34．6）聖女大德蘭確實以信德的眼光注視祂。她說，她似乎覺得在領聖體時看見我們的主進入她靈魂內，真實地就像她用肉體的眼睛看見一般。（全德34・7）

現在她要來指示我們，如何受惠於主耶穌的這些探訪。「就在恭領了上主後，由於妳們當前擁有祂本人，要努力閉上身體的雙眼，並張開靈魂的眼目，注視妳們的內心。」（全德34・12）此時不宜到一個聖像前祈禱。「如果我們看見基督，卻又一定要注視祂的畫像祈禱，我認為這是很愚蠢的，撇下本人不看，而看著圖畫。如果我們有一張非常喜愛的某人畫像，這個人來看我們時，我們不和他說話，卻一直和畫像對談，這不是很蠢嗎？」（全德34・11）不可以這樣！我們必須直接和真實臨在的主接觸。

大德蘭如此地摯愛耶穌至聖人性的真實臨在，她特別喜歡領大的聖體，或許是認為領大一點的聖體，耶穌的親臨會更長久些。當她擔任降孕隱院的院長時，聖十字若望是那裡的告解神師，她曾向這位明智的神師提起這個偏好。聖十字若望恐怕大德蘭可能會過於尋求感官的滿足，有意要克制她。有一天，正好是聖瑪定的慶節，當聖女大德蘭靠近領聖體的格窗時，若望神父把聖體分開，只給她一半。「我立刻想到，他這樣做是為了要克制我，因為我曾經對他說非常喜歡大聖體；雖然我明知這是毫無差別的，因為我們的主完整無缺地臨在於最小的部分。你們瞧，為了使我明白這是多麼

真實，至尊的主對我說這些話：『不要怕，女兒，沒有什麼能使妳和我分離。』」㉝

看到聖女即時的反應，主耶穌的話確認了她健全的信德，這是很美好的一件事。的確沒錯，大德蘭的熱心本無須被克制，雖然如此，若望神父站在教會的牧靈立場，他的明智守護並非無益，由於人本性的軟弱，我們甚至可能濫用最好的事物，即使是在領聖體的事上，也會陷於錯誤。

聖女大德蘭在《建院記》中告訴我們，有二位修女相信要不是天天領聖體，她們會死掉。其中一位甚至堅持說，她必須每天「一大清早」就領聖體，好能活下去。德蘭姆姆有意讓她們看清這個錯誤。「我告訴她們，我也有同樣的渴望，雖然如此，我也要放棄領聖體……我們都一起死好了！」（建院記6・9－11）她們都不領聖體，不用說，她們一個也沒死！

確實沒錯，對於所有的熱心神業，大德蘭顯然具有健全的判斷力，她的公教虔敬非常健康、強壯和具體。在她的學校內，我們十分安全。她指示我們如何尋求主耶穌，我們可以用想像重現祂的臨在，也可以尋求祂在聖體中的臨在。依靠和祂親密交往所得的滋養，促使我們慷慨事主。接下來我們要學習如何繼續和祂交往，前進邁向更高的祈禱等級。

33. *Spiritual Relations* 35

經過初步的默想階段後，大德蘭提出的第一個祈禱是主動的收心。在此亦然，靈魂覺得她很容易存留在基督的臨在中：「因為專心地進入自己內，他能深思耶穌的苦難，於其內再呈現聖子，將聖子奉獻給天父，而不必勞駕理智，上到加爾瓦略山，或去山園、或在圓柱上尋找祂。」（全德28·4）

耶穌很親近我們；當靈魂習慣於在她內想起祂時，祂會使自己親切地臨現。關於這個更內在的祈禱修行法，她並沒有詳加談論，不過，從她後來的解釋中，當論及一個靈魂已經習慣於默觀的修持時，我們能明瞭在此應該如何修行。事實上，我們正面臨整個靈修路程中議論最多的階段。經過收斂的祈禱後，出現神祕的祈禱，可是卻不完全是被動的，形成明路的祈禱，而確實就是在靈魂開始進入這階段時，有的神修作家主張停止存想耶穌的至聖人性。的確沒錯，嚴格說來，那時的靈魂無法默想；那麼她應該怎麼辦呢？

單純注視耶穌

大德蘭沒有辜負其靈修大師的角色，確實沒有。為指引靈魂走在正確的道路上，她教導了一個祈禱的方法，後來成為其修會家庭的珍寶。首先，她立即承認那些靈魂無法默想。那麼，如果推理的默想是唯一的方法，使我們能主動地想我們的主，想祂至聖人性的奧蹟，那默觀者勢必被迫放棄做此默想。

然而，大德蘭非常敏銳地觀察到，在我們意識內的不同工作情況，她指出：「理智推理是一回事，記憶呈現真理給理智又是另一回事。」（城堡6・7・10）然後她更清楚地解釋她的思想：「我所謂的默想，意即用理智做許多這樣的推理：我們開始想，天主藉著賜下祂的唯一聖子，賜給我們的恩惠，我們不停留在那裡，反而更深入祂整個榮福生命的奧蹟；……或者我們採用苦難的一個境況，我們說，如逮捕，我們從這個奧蹟開始想起，深思其中的詳細情節，哪些是應該細想和感受的，猶達斯怎樣背叛，門徒們如何逃走及其餘的一切……。」（城堡6・7・10）

如此的做法的確是一般的默想方式，激發我們的情感，引導我們與主耶穌更深情地交往。如果像這樣的一個問題是理智推理的過程，聖女會同意已達到默觀的靈魂通常無法做此默想。不過，另有一種更成全的思考方式來存想奧蹟；甚至我們可以說是先驗的（a priori），像這樣的思考必須存在。「如果她們說，不能停留在這些奧蹟中，又不能時常呈現它們，尤其當教會舉行慶祝時，我說她們是不對的；靈魂也不可能忘掉，她從天主得到這麼多，這麼珍貴的愛之標記（亦即祂至聖人性的奧蹟），因為這些是活的火花，會更燃燒起她對我們上主的愛。」（城堡6・7・11）

這裡好似大德蘭的公教信仰常識在說話。當聖教會正在慶祝我們的救贖奧蹟時，一個默觀者無法參與聖教會的禮儀生活，這是不可能的；這簡直荒謬至極！所以，應該有一個合適的方式讓默觀者來存想這些奧蹟。聖女大德蘭說，這些人不認識自己，她要光照他們。「因為靈魂以更完美的方式理解這些奧蹟：是這樣的，理智呈現奧蹟，深刻在記憶上，致使只要看見在山園中，滿是驚恐汗水的上主跌倒在地，這些就足以不只一小時，而是許多天，以單純的注視觀看祂是誰，而對這麼大的痛苦，我們又是多麼不知恩。意志立刻有反應，雖然並非帶著柔情，卻渴望對這麼大的恩惠做些服事，也渴望為受這麼多苦的祂受些苦，及其他類似的事，記憶和理智都專注於此。」（城堡6・7・11）

不思考，靈魂變得更慷慨

所以，正確地說，沒有默想，靈魂仍能存想主耶穌；不過這不是推理的思想，而是滿足於單純的注視，但是這比默想的繁複思考更為深入，事實上，可以說是先前默想的果實。「單純的注視」也會導致更熱烈的愛，使靈魂變得更慷慨。此外，由於這個注視是單純的，持續的時間更長久，大德蘭指出，何以我們能持續數天之久。我們必須結論說，很明顯的，大德蘭也知道有所謂的主動的默觀。她提供給我們的存想主耶穌的方式，確實取決於靈魂。的確沒錯，她清楚地說出其間的關連：「如果是這樣的無法默想，努力這麼做是好的，我知道，這不會阻礙非常崇高的祈禱；而不在這事上時常修行，我則不認為好。」（城堡6・7・12）

再者，如此存想並非推理。因為我們所做的不是複雜的推理默想，而是代之為單純、深邃和普遍的注視，這足以在靈魂內產生熱切和有效益的情感和決志，甚至超過推理的心禱。

因此，大德蘭也洞察，在默想和實際體驗的灌注默觀之間有個過渡的階段，這個階段可以稱之為主動的，甚至也可說是自修的默觀。此一默觀甚至能成為已達神祕境界者的習慣性祈禱，特別是在她沒有蒙受天主賜予許多神性光照時，處於明路的階段，主動的或自修的默觀很容易和灌注的默觀互相輪替。這項事理是整個德蘭學派所認同的主張。

If thou art Teresa of Jesus,
then I am Jesus of Teresa.

你若是耶穌的德蘭，我便是德蘭的耶穌。

永遠是耶穌的

甚至處在更高的神祕祈禱境界中，也不能以存想基督為默觀的障礙。不能！大德蘭認為凡捨棄祂的人，就是關閉靈心城堡最內在住所的入門。「至少我能保證，她們絕進不了最後的兩重住所；因為如果失去了嚮導，亦即好耶穌，她們上不了正路；要是她們安全地留在其她的住所，那可真的太好了。」（城堡6・7・6）既然耶穌是我們的模範，也是我們的光明，顯然的，如果沒有祂，我們絕不能達到成全的倫理，因為我們必須向祂學習。而最後的住所則假定一個靈魂已經前進達到成全。再者，大德蘭在自己的生活中已有了經驗，在這些最後的境界中，耶穌甚至可以更直接地介入。至聖人性的理智神見，甚至想像神見，對於如此的靈魂是很大的幫助，使她上達神訂婚和神婚的崇高境界。當說到神婚時，聖女大德蘭強調靈魂是如何達到的，「以一種令人欣羨的方式，持續不斷地和我們的主基督同行。」（城堡6・7・9）我們絕不說，在大德蘭的個案中，伴隨神婚而來的神見是崇高境界的本質因素，不過，至少它們清楚地證明了，即使在神婚中，也不排除至聖人性的臨在。

再者，神祕結合的本身，必須在成全地相似耶穌的苦難中發展。《靈心城堡》的最後一章，有段動人的敘述，大德蘭提醒我們，所有的神祕恩寵皆有其目的，不是為了要「撫慰靈魂」，而是要引導她們度與主耶穌相似的生活，幫助她們能承受「更多的痛苦」。（城堡7．4）救贖十字架的顯現，沐浴在愛的光明中，結束了靈心城堡內一連串的神奇默觀，熱愛的靈魂切願擁抱心愛主的這個十字架。根據聖十字若望的教導，既然這神祕的神化結合是靈修生活的成全境界，[34]那麼，它就不能不使我們更成全地和主基督「合而為一」，使我們的生命與祂「同化」。

因此，聖女大德蘭是正確的。整個靈修生活中，靈魂絕不可避開耶穌。相反的，耶穌常是她最強有力的助祐；基督是她的老師、光明、道路，也是她的終點。大德蘭的決志是對的，她永遠是「耶穌的」德蘭。

34.《愛的活焰》2。

跋
愛要的不多

在這裡，我要結束本課程，我已在課程中提出聖女大德蘭靈修教導的卓絕重點，建立其著作的綜合學說，雖然她的著作顯得有點隱晦；現在我願意強調德蘭學說的一些特質。這是真的，她的靈修標準非常高。她的學說是囊括一切的。她靈修生活的整個觀念來自她寬大無量的靈魂。她不只做起事來不能半途而廢，甚至連想都不能想只做一半！她懷著圓滿的基督徒理想，為了要具體實現，她轉向那最快和最直接抵達的道路。

她視基督徒的全德為神性愛德的圓滿，支持在此塵世的靈魂完全犧牲自我；為了心愛主的利益，為了聖教會的福祉，為了眾靈的得救，他們是神聖的寶血所救贖的。大德蘭愛天主無限無量，而她願意使其他的靈魂也無限無量地愛天主。為了這個愛的辛勞工作，她徹底地獻出自己，為它而耗盡她的全力。這就是她擺在跟隨者面前的理想。在她學校內的學習者，他們對慷慨也不加設限；他們給出一切！

對愛的渴望不設限

然而，她那顆偉大的心本能地明瞭愛的法律。她知道強烈的愛需要所愛的對象臨在；愛人渴望得到愛的回報。她勸告我們達到的愛是主動的、慷慨的、囊括一切的，不過，她要我們對愛情的渴望不設界限。因為她知道，天主願意把祂親密的友誼賜予完全給出自己的靈魂，大德蘭允許慷慨的靈魂熱烈地渴望達到默觀。和完全自我給予的理想並行的，就是默觀的理想，這是在今世就已能實現的，和天主親密的結合。事實上，這個理想是前者的補足，同樣屬於愛的生活，除非愛得到愛的回報，它是不會達到成全的。

靈魂的整個生活導向這雙重的理想。但是她並非以同樣絕對的態度來面對這二者。成全的自我給予，靈魂決心付出一切代價來實現，然而，她仍覺得自己完全不堪當天主的親密友誼，關於這一點，她完全交付自己於天主的善意。

雖然如此，知道天主時常把祂的親密友誼賜給完全慷慨的靈魂，這是力量的寶貴根源，也是修德的有力鼓舞。大德蘭為我們指出的這個理想的圓滿境界，使她更強調要我們用盡全力克修。事實上，默觀並不屬於任何一種聖德，而只屬於最高、也是最圓滿的慷慨。大德蘭的克修是嚴格的，不過卻是籠罩在愛的光明中。她要求心靈的赤裸，但這是一個方法，預備我們在圓滿的愛德生活中享有天主。因此，愛是有所要求的，甚至不是最嚴厲的補贖精神會獲得的，愛要的不只是「很多」，而是「全部」。然而歡欣於愛的希望使犧牲變得甜蜜。加爾默羅的克修不能被說成「僵硬的」，我們必須徹底消除這個錯誤觀念，以為聖十字若望是個冷酷無情的人。對聖若望來說，十字架是可愛的，因為十字架導向和天主結合。

《靈心城堡》中動人心弦地敘述默觀生活的喜樂，非常適於激發心中愛的渴望。新的地平面展現在靈魂的視野內；她看到甚至在今世就可達到的無限富裕，靈魂和大德蘭一起吶喊著：「啊！無論我們做了多少，或能做多少，都算不了什麼！而如果我們巴望，甚至在今生就享受這個福樂，我們在做什麼呢？」（城堡6．4．10）大德蘭的靈修是非常崇高的。她為我們指出的理想非常高貴；一個特別圓滿的生活，靈魂完全的自我給予，時常伴隨著天主把自己完全給靈魂。為了引領我們達到這些高境，她要求絕對的慷慨，同時也有那能達到親密結合的寶貴希望在滋養著靈魂。

此生所願：相似被釘的耶穌

雖然聖女大德蘭允許慷慨的靈魂懷有崇高的願望，但在生活的當下，聖女的主張完全是腳踏實地的，正是這樣，使她的教導奠定了安全和踏實的特別標記。大德蘭提供給靈魂默觀的理想，但她並非以此作為其學說架構的基石。她指引靈魂達到的目標，她整個教導凝聚的中心，是成全的愛德，這來自完全主動地把自己給予天主；亦即充滿熱烈的愛，圓滿地修持至高的德行。顯然地，為了要達到那目標，靈魂必須完全投身於修持德行。

她也真實地看到，默觀內蘊含著達到此一崇高成全的最有效方法，她許可靈魂渴望和嚮往默觀，但是她絕對禁止我們使用任何直接的力氣去為自己掙得默觀，她不厭其煩地一再叮嚀，要求我們努力預備妥當，以獲得默觀的賞報。再者，這個預備無非就是修持德行達到卓絕的等級，完全捨棄自我和不斷的收心。因此，德蘭學派的教導完全集中於靈魂直接致力於自修的德行。這不只是個卓越的神祕教導，使我們內在的追尋展開無限的領域，而且，這也是個深奧的克修教導，使靈魂修行自我捨棄和自我犧牲。這個教導不滿足於高超的渴望；它要求慷慨的工作。

此外，教導靈魂在整個靈修道路上依靠耶穌基督，這直接探入每一德行的根源。大德蘭希望靈魂生活在與主的親密結合中，深切熱愛祂的至聖人性，就是為了使靈魂能以祂為生活的模範。最主要的，她希望靈魂懷有極大的渴望，相似祂至高無上的自我犧牲，為謀求眾生靈的幸福。與被釘的耶穌相似，完全一致，是靈魂在今生努力追求的目標。即使是天主賜予的默觀恩寵，其目的是要堅強我們，使我們「承受更多的痛苦」，效法我們的主基督。所以，在大德蘭看來，耶穌本人比默觀還要珍貴。耶穌是絕對必要，不可或缺的，遠超過神祕的祈禱。我們能夠達到聖德而無須神祕的祈禱，但卻不能沒有耶穌！祂是我們成全的典範！

當大德蘭仍是個小孩子時，她望著撒瑪黎雅婦女的畫像，祈求說：「主！請賜給我這水！」到了晚年，當她已進入與主合一的生命時，為何她渴望地嘆息說：「不受苦，寧願死」呢？（自傳40．20）因為在充滿熱情的愛內，為了她被釘的淨配，她已完全給出自己；因為她完完全全，整個的是「耶穌的」德蘭！

附錄一

關於賈培爾神父

緣起

星火文化希望譯者寫幾句話介紹本書作者，我深覺義不容辭，最主要的原因是，我真的很愛賈培爾神父。記得當年翻譯會母聖女大德蘭和會父聖十字若望的著作期間，為了更深入了解會父母的靈修精神，我走進修院的圖書室，逐一翻閱架上群書，賈培爾神父的 *St. Teresa of Jesus*（即本書）和 *St. John of the Cross* 不但吸引了我，而且很快擄掠了我的心。因此，我利用少得可憐的自由時間，斷斷續續譯出這兩部小書。這兩本書是神父的教學講義，主要是詮釋大德蘭和十字若望的著作，他的解釋動人心弦，我承認深受他的影響，尤其是寫《黑夜》、《攀登加爾默羅山》、《靈心城堡》的導讀時，賈培爾神父的這兩本小書給我很多的啟迪。

事實上，這本 *St. Teresa of Jesus* 多年前就已譯出，至少在二〇〇六年之前，那時曾邀請輔大神學院的谷寒松神父寫序，準備在聞道出版，谷神父很快地把序文傳給聞道，我已不記得為什麼後來沒有出版。這本書的原文是義大利文，我是根據英譯本翻譯的，但英譯本標示聖女大德蘭著作的引言不夠清楚，為了清楚標示引言的出處，費了不少心力。聖女大德蘭著作的新譯本已逐一出版，今年重新根據新譯本修正引言，看來也是出版問世的時候了。

如果讀者看過星火文化出版的《全德之路》，對於賈培爾神父應該不會太陌生，因為書末的導讀部分，採用他的三篇文章。我曾這麼地介紹他：

> 三篇導讀專題，譯自本會著名學者賈培爾神父（Fr. Gabriel of St. Mary Magdalen O.C.D.）的著作，他是比利時人（1893–1953）。他最有名的一部著作是*Divine Intimacy*，原文是用義大利文寫成的，已經譯成多國語言，中文譯本《與主密談》[1]，早在三十六年前就已出版。

選譯的三篇導讀，兩篇譯自*St. Teresa of Jesus*，一篇譯自*The Way of Prayer～A Commentary on St. Teresa's "Way of Perfection"*。賈培爾神父三十三歲即任教於羅馬德蘭神學院，主講加爾默羅會靈修和靈修神學。當年教宗若望保祿二世寫博士論文時，常去拜訪他。我們知道，教宗的博士論文專研聖十字若望的信德，由於賈培爾神父很

1. 《與主密談》，聖衣會賈培爾神父著，胡安德譯，台北，慈幼，1975年。

忙，無法每次接見他，後來他當了教宗，我們的總會長晉謁時，打趣地說：「如果賈培爾神父知道您是教宗，絕不敢如此待慢。」

賈培爾神父筆下的聖女大德蘭，任誰讀了都會心動不已，他如此深入洞察大德蘭的著作，真令人驚訝稱奇，寫得這麼好，讀完他的文章，再閱讀《全德之路》，會覺得每個字都活躍起來，不信的話，請讀者不妨試試看。

接下來要進入正文，首先介紹賈培爾神父的生平，再來談談賈培爾神父的《與主密談》，最後，以神父親自題寫《與主密談》的原序作結。

賈培爾神父的生平

二〇〇三年秋，《加爾默羅文摘》（*Carmelite Digest*）刊載一篇以賈培爾神父為名的文章，這是為紀念他的逝世五十週年。在此譯出這篇文摘。

賈培爾神父，本名為亞德利安・德・摩斯（Adrian De Vos），一八九三年元月廿四日出生於比利時。及長，修畢古典文學後，於一九一〇年九月二日進入比利時布魯日（Bruges）的赤足加爾默羅會，取會名為聖瑪麗德蓮・戴博祈的賈培爾修士（Br.

Gabriel of St. Mary Magdelen de Pazzi）。次年九月八日誓發暫願。不久後，開始在康特阿（Courtrai）唸哲學，一九一四年九月八日在該地誓發終身願。當天隨即奉長上的命令，和幾位同伴前往都柏林（Dublin）。

一九一五年，賈培爾修士被徵召入伍，必須中斷在愛爾蘭的神學課程，回到比利時服兵役，時為第一次世界大戰。他在軍中的職務是協助醫療團隊，曾有兩次的受傷紀錄，並獲得「戰地十字架」及「勝利的勳章」兩項榮譽，頒獎當天的軍隊記錄是：「卅二個月的最前線服務，他不間斷地表現出崇高的愛德精神。」戰爭結束後，賈培爾修士重返他摯愛的加爾默羅會，於一九一九年十二月廿日，在根特（Gand）被祝聖為神父。

一九二一年，他被任命為康特阿的哲學教授，事實上，他那時還沒有唸完所有的神學課程。執行此一職務時，他得以繼續其他的課程，首先是在魯汶大學，後來是在羅馬的天使宗座學院（Pontifical Faculty of the Angelicum）。一九二六年（卅三歲），他奉命前往羅馬重建聖德蘭國際神學院，此後畢生以羅馬為家，德蘭國際神學院是他鞠躬盡瘁的舞台。一九二六至一九三一年，他擔任學院副院長兼修生的神師，這些年輕的修生來自修會的各會省，他們來此接受更深入、廣闊的陶成，使他們更有普世性的胸懷，在理智和靈修上有更好的培育。

從一九二七年開始，他教授信理神學，一九三一年，他被任命為靈修學教授。靈修學成為他的專門科目，甚至第二次世界大戰之後，成為他最出色的教學科目。一九三八（四十五歲）至一九四〇年（四十七歲），他還教授社會學，主題分別是納粹主義和馬克斯主義。一九三三年（四十歲），他講授整學年的加爾默羅靈修，他那靈修生活大師的顯著天賦，開始引起眾人的注意。一九三四年十二月十四日，他被任命為羅馬聖多瑪斯．阿奎那學院的教授。一九三五年，因宗座的授權，原來的神學院升格為聖德蘭國際神學院（International College of St. Teresa），賈培爾神父遂成為該學院的院長，他擔任此職位直到一九四七年。一九四五年元月十八日，他被列入宗座禮儀聖部（The Sacred Congregation of Rites）的參議之一，接受這個職務，除了貢獻他的淵博學養，同時在研究列真福品和聖品案件中，由於聖人們的經驗而致富他的知識。一九四一年，他創辦名為 *Vita Carmelitana* 的雜誌（評論靈修文化），為培育加爾默羅會家庭的靈修陶成。一九四七年（五十四歲），這份刊物成為 *Rivista di Vita Spirituale*，內容更加豐富，擁有更廣泛的讀者。

賈培爾神父生命中的最後十年，逐漸被公認為靈修大師，除了享譽國外，在義大利更是大名鼎鼎，透過他的著作、道理和所參加的無數會議，他成為靈修運動的熱心領導者。他那偉大的心靈，作為靈修作家與導師的獨特天賦，使他懷著熱烈燃燒的靈魂，完全投入使徒的服務工作。因教宗碧岳十一世教導的鼓舞，他一再主張，平信徒有責任追求基督徒的全德，及圓滿的愛德。懷著這樣的熱望，他寫下為期六週的靈修道理，由聖心公教大學來推廣。他致力於闡明人可能達到的崇高境界，鼓勵眾多的靈魂，因為在今日，在俗的世界感到被靈性生活的崇偉所吸引。

賈培爾神父一向順服教宗的主張，他對公教進行會深表關切。一九四〇至一九四一年，他講授一套完全的課程，探討公教進行會的靈修，其用意是，設法使公教進行會獲益於淵博的德蘭靈修。無論如何，他對更好的未來懷有最大的希望，看到無數的使徒小組，在俗世中，準備好以慷慨和英豪的精神，為教會和基督徒靈修價值而奮戰。在使徒工作上，他喜歡賦予平信徒卓越的地位。無論在與神職直接合作的傳教工作上，或實施專業的活動，平信徒有其建設現世基督文明專屬的工作。因此，平信徒應該更加自動自發，更負有直接的責任。

最後，他逐步地灌輸給每一個人傳教責任的意識。他認為關於世界的救贖，對於平信徒在奧體內的責任方面，所作的默想是至極的不充足②。賈培爾神父說：「我認

2. 參閱1942年6月29日，碧岳十二世的通諭《基督奧體》（*Mystici corporis*），論教會以聖神為靈魂，做為耶穌基督的奧體。

為這正是時候，要讓生活在世界上的平信徒知道，在與基督合作方面，他們是教會成員中一個很大的部分，這也同樣是屬於許多的獻身者，無疑地，他們有義務做傳教工作。」

有關使徒的這個道理，既崇高又明智，賈培爾神父以身作則，他整個的人散發出熱忱和熱情的衝勁。他的使徒熱誠來自深度的虔敬生活，持續不斷地與主親密。他是個祈禱的人。每當他從勞累的使徒工作返回，精疲力竭的他總是忠於默禱的時間，在聖堂裡與主親密，從中尋獲慷慨事主的恩惠，使他能天天活力充沛，不停地為主操勞。他真是一位天主的人，充滿對靈魂的熱愛。

賈培爾神父逝世於一九五三年三月十五日。加爾默羅會視之為偉大的靈修推動者，也是教導加爾默羅會諸聖靈修道理的卓越導師。他的遺體安置在羅馬聖若瑟加爾默羅隱院的地下室③。

賈培爾神父的名著《與主密談》

在天主教會內，只要一提到賈培爾神父，就會聯想到他的這部名著《與主密

3. 譯自 *Carmelite Digest*, vol. 18, No. 4, Fall 2003, p.60–63。

談》。雖然神父有許多其他卓越的靈修論著，為什麼這一本如此受人推崇呢？這真的有點說來話長，不過很值得在此詳述。

前述類似訃文般的生平介紹，原本刊載於神父創辦的雜誌 *Rivista di Vita Spirituale,* 1953 n. 2–3，原文是義大利文，當時由美國俄勒崗州加爾默羅會的修女Miriam of Carmel[4]譯為英文。班哲明神父（Fr. Benjamin of the Most Holy Trinity O.C.D.）在這篇文摘前的小引言這麼說：「二〇〇三年三月十五日是賈培爾神父逝世五十週年紀念日，這位神父聞名於修會內外，尤其是他的《與主密談》。不只義大利原文，甚至其他多國外語，都有各式版本且多次再版。」

我們是不是覺得很奇怪，為什麼在一九五三年的生平介紹中，隻字未提此書？因為在當時任誰也想不到，一九五二年十一月開始出版的一本小冊子，日後竟然博得大眾的青睞，即使是作者本人，恐怕連作夢也不會想到。由於賈培爾神父於一九五三年三月十五日逝世，看來他預定出版的這部大作，照理來說勢必告終，然而，事情卻有非常戲劇性的發展。

《與主密談》是賈培爾神父計劃中的一部大作，在他的心中醞釀許久，深知自己無法獨力完成；他得到羅馬聖若瑟加爾默羅會隱修院的支持，有幾位修女作他的助

4. 這位修女尚未入會前，已是美國文學界的名詩人。

手，一九五二年，神父把他的著書計劃和所有資料都交代給她們。這本計劃中的大書共分成六冊，才完成第一冊，神父就撒手塵寰。豈料第一本小冊才問世，接二連三地再版，甚至很快出現外語譯本：法文、西班牙文、德文、英文、法蘭德斯文、波蘭文、日文及克羅埃西亞文等等。而神父們的助手不負所託，完全按神父的指示，一冊冊地整理出來。更神奇的是，教會經過梵蒂岡第二屆大公會議，由於教會禮儀的更新，修女們依舊遵奉賈培爾神父的指示，重新修訂出版，仍然普受歡迎。中譯本是慈幼出版社於一九七五年元月出版，一九七八年再版。

讀者可能覺得納悶，這到底是一本什麼樣的書，怎會如此備受歡迎呢？記得當年在初學時，初學導師給我《與主密談》，不只我，其實每位初學生都是人手一冊。這本書完全按照禮儀年曆編排，以每天的彌撒讀經為默想核心。賈培爾神父以他豐富的加爾默羅靈修和神學知識，及對教會和人靈的熱愛，整合他所有的教學及牧靈經驗，逐日編排每天的默想題材。其結構很單純，每天兩篇默想道理，兩篇選讀。文章都不長，道理的部分言簡意賅，選讀的篇章來自聖人的熱心話語，很容易打動人心，引發對天主的愛。我承認當年給我大的幫助，因為只要閱讀短短一兩頁，常會深受感動，深入信仰的奧蹟。

賈培爾神父親自寫了此書的序言，這是一篇相當有份量的短文。在序言中他清楚說明著書的理論根據，甚至稱之為德蘭方法（Teresian Method），以大德蘭的靈修觀點為基礎，指導人如何深入默想，進而與主密談，達到神性的親密（Divine Intimacy）。此書原名*Divine Intimacy*，胡安德先生譯為《與主密談》，頗能傳達書的內涵。我個人深深覺得，神父好似高明的廚師，為靈魂準備每天上等的菜餚，不是滿漢全席，而是真實的養生食品。

以下是根據英譯本[5]重新翻譯的原序，感謝星火文化樂意刊載於此，作為介紹賈培爾神父的結語。

《與主密談》的原序

心禱（mental prayer）是靈修生活不可或缺的；大致上，可以這麼說，心禱是靈修生活的氣息。然而，祈禱中的這個自然情況，通常被視為只要靈魂盡己之力，在某時做做默想即可。換句話說，人必須學習如何祈禱。為了教

5. *Divine Intimacy ～ A Celebration of Prayer and the Joy of Christian Life,* by Fr. Gabriel of St. Mary Magdalen O.C.D. Volume 1, Dimension Books, Denville, New Jersey, 1982.

導靈魂此一虔敬的修行，各式各樣的默想法應運而生。

默想的方法有許多，各有其長；其中有個德蘭方法，這麼稱呼的理由是，此一方法建基於聖女大德蘭的教導，她是赤足加爾默羅會的會母，也是靈修生活的大師⑥。

聖女大德蘭對於祈禱的見解，在今日已廣為人知。在《自傳》中，她對心禱的定義是：「朋友之間的親密分享……找時間和祂獨處，而我們知道祂是愛我們的。」（自傳8·5）

在這句定義中，大德蘭揭示心禱中愛的心靈，此乃心禱的特質。這是「友誼的分享」，是靈魂與天主之間「互相親愛」的交換，心禱時，靈魂「與天主親密交談」——我們知道，親密是愛的果實——靈魂和天主談話，而她知道天主的愛。這個定義的每一因素都包含愛，不過最後聖女提到，靈魂也應該「知道」，且意識到天主對她的愛：這就是祈禱中理智所扮演的部分。

因此，根據聖女大德蘭，心禱是理智和意志的修行：理智力求使靈魂確

6. 教會宣封聖女大德蘭為聖師，肯定她對祈禱的教導具有普世的價值。教宗保祿六世確認此事，於欽定聖女為聖師的講道中宣稱：「……榮獲教會聖師的名銜，在祈禱的教會，也在世界上，（聖女大德蘭）以她歷久彌新的祈禱訊息，她將完成更具影響力的使命。」（1970年9月28日，羅馬觀察報）

信天主愛她，也盼望被她愛；意志因答覆天主的邀請而愛。此即心禱的全部內涵，再沒有比這更清楚的祈禱觀念了。

那麼，要如何付諸實行呢？這就得依靠方法。

† † †

為了清楚明瞭德蘭方法的結構，我們必須記住上述的祈禱定義；那麼，我們就會很容易看出來，像這樣的方法，可以徹底地修行心禱。因為此法的真實含意是，一旦我們了解祂愛我們，我們會與主親密交談。

我們不能和天主親密交談，除非我們與祂接觸。為此之故，我們就得有所「準備」，這就在於更直接地把自己放在天主面前，藉著一個好思想轉向祂。

為了使我們確信天主愛我們，我們選擇的默想主題是一端信德的真理，這能印證祂的愛：這就是閱讀一段適宜的文章。

不過，只閱讀文章是不夠的，還必須透徹深思細察，再沒有比存想省思更好的了，這就是做默想。

所有啟示的真理都能透露天主對我們的愛，不過，今天我用所選讀的主題來省思，努力去了解天主的愛。我利用默想主題中的好思想，使我真實地相信祂的愛，竟至對祂的愛會自然地進入我的心，或許也會在我的口唇上。

於是，我和天主的交談開始了；我以種種可能的方式告訴祂（使用從我內最自然流露的話語），說我愛祂，我渴望愛祂，我希望在祂神聖的愛內進步，我盼望用自己的行動，承行祂的聖意，來證明我對祂的愛。

現在我們已處於核心處，即祈禱的核心。對許多靈魂來說，已不需要更多的什麼了。但有些人喜歡更多的變化；所以，為使我們與天主愛的交談容易持續延長，在此提出這個方法最後的三個步驟。不過，這些步驟是可隨意選擇的。

感恩：一再向上主訴說我們愛祂之後，我們感謝祂賞賜的所有恩惠，向祂表達我們的感恩。

奉獻：深知已蒙受如此之多的恩惠，我們要感恩回報，清償債務，盡所能地做些好的決志。通常在結束我們的祈禱，這麼做是很有助益的。

懇求：覺察自己的軟弱和易受誘惑，促使我們懇求天主的助祐。

這就是整個的德蘭方法，劃分為七個步驟：

兩個是前奏：準備（置身於天主面前）和閱讀。

兩個是主體：默想和對話。

三個是任選的，為幫助延長對話：感恩、奉獻和懇求。

本書的默想即是以此方法為基礎。

我們以天主的臨在，或更好說，以適宜的思想作為開始，讓好思想帶領我們和天主接觸，歸向天主。

閱讀提供默想的主題。由於有些神修人士，每天默想兩次，每個默想提出兩個重點。

然後靈魂開始省思，自由地使用已經閱讀的段落。

這樣會自然地引發對話，按照德蘭方法的見解，這是「心臟」，是祈禱的核心。

為此之故，我們的默想特別針對這一點來幫助靈魂。為了達到這個目的，我們盡力賦予對話具有十分豐富的形式；雖然如此，每個靈魂可按自己的意願，自由地取用，選擇合乎當下需要的對話。為使對話更具效力，我們摘錄合適的熱情語句及思想，特別選自聖人及熱心靈魂的著作。對於這些引言，往往我們必須稍做修飾，使之成為親密對話的形式。不過，我總是標示其資料來源。

對話包括愛的話語，時而代以懇求、感恩的舉動，及靈魂對天主的著迷；這些以決心定志來具體落實。

根據德蘭祈禱的理想與方法，我們希望以此方式寫下的這些默想，能幫助靈魂有效地應用於心禱。

† † †

德蘭靈修（Teresian Spirituality）是神性親密（divine intimacy）的靈修，就是說，其理想是在靈魂內培育與主親密，指導靈魂朝向這個理想，主要是藉助於心禱。所以，心禱應該相稱於這個偉大又高貴的渴望。

這正是我們賦予書中默想的「格調」，至於書名為《與主密談》（*Divine Intimacy*），指明本書的宗旨，盡可能幫助靈魂達到這個偉大的目標。

此外，德蘭靈修也是教義性的。聖女大德蘭是「靈修生活的大師」，經常渴望（也努力把渴望付諸實行）以紮實的教義為基礎，來建立她所摯愛的克修與神祕生活，因為聖女極其喜愛神學。為此之故，我們渴望這些默想具有充分的神學根據。我們用這樣的方式來編排，在一年之內，靈修生活中最重要的問題，及內心生活會碰到的所有超性事實，全都重新探討。

願聖神，即聖愛之神，惠肯居住在我們的靈魂內，使之逐步漸進地接受祂的徹底影響和引導，「以豐盈的傾流」點燃我們，那熱烈的愛德會帶領我們達到與主親密！願榮福童貞瑪利亞，純愛之母，她的靈魂滿被聖寵，總是受聖神的引導，為我們向天主聖神求得恩惠，常能順從聖神的推動，藉著勤勉和切實修行心禱，使我們能實現與天主親密結合的美麗理想。

聖衣會士賈培爾神父，一九五二年聖心節，於羅馬

Fr. Gabriel of St. Mary Magdalen, O.C.D.

Rome, Feast of the Sacred Heart, 1952

附錄二

聖女大德蘭臨終行實錄

奧爾巴城閃動著夕陽的餘輝，多爾美斯（Tormes）河籠罩在一片金色的光芒裡。耶穌德蘭姆姆踏進聖母領報隱修院，修女們正齊唱「讚主詩——天主，我們讚美祢」；在她所有的修院中，她的女兒每次都詠唱這首詩歌表示歡迎駕臨之樂。那時，她顯得極其疲倦，致使喜樂的讚美詩消逝於低聲細語中。她自覺是個病勢沉重、肢骨離散的女人家：

「我全身沒有留下一根好骨頭……。」

可是她努力地微笑，且答應降福她的修女，雖然通常她拒絕這樣做，因為她覺得這有反謙虛之德；但是她充滿「高貴與恩寵」舉手降福了她們。

多爾美斯的奧爾巴（Alba de Tormes）會院的院長姆姆，是來自亞味拉降生隱院的修女之一，她離開了緩和會規的修院，加入德蘭姆姆的修會。聖神・若安姆姆非常柔順溫良，當她訓責一位修女之後，她會跪在那位修女的腳前請求原諒。德蘭姆姆必須責備她的只有一件事，就是她的過度守齋。

藉此機會，會母說明，她只是院長的一個屬下，一如普通的修女，不算什麼。院長請求她去休息，並帶會母到她的斗室。安納．聖祿茂修女帶來白麻布被單；只有病人才能使用這種被單，這位小輔理修女非常高興，能夠使她那極愛乾淨的病人得以稱心滿足。而真的，當她看到自己穿著潔淨的麻衣，躺在純然潔白的床鋪上，她愉快地笑了：

「二十多年來，我不曾這麼早上過床……。」

但是修院這份意外的興奮喜樂，很快就代之以驚慌憂愁。她們臆測著，會母是否會逝世於此？自從年初以來，修院中所見的種種超性跡象，是否預兆此事呢？曾在經堂中，有突現的光輝驚嚇了每位未深入默禱的修女。最近，正值團體祈禱時，修女們聽到三聲微弱輕柔的嘆息，她們說好像是臨終者的嘆息。

然而，次日清晨，德蘭姆姆參與彌撒，領聖體，她總不習慣屈服於自己身體的虛弱。數日來，她們看見她拄著枴杖，來回走著，上到頂樓小屋，欣賞深愛的多爾美斯景色，以她無微不至的細心觀察修院，巨細靡遺。儘管年高病重，她的舉止神情仍流露出些許的驕傲與勝利，因為經歷了許多的勞苦與迫害，她以服從和謙虛不屈不撓，堅持到底。

會母在奧爾巴還要完成一些事情：首先，必須開導、改正雷氏夫人＊的作風。她給修女們固定的生活費，卻又加給這些修女不少折磨苦惱。

這位夫人過去曾有個神見，看見在這個房子裡，翠綠的中庭，白花相襯，美不勝言。靠近院子的角落，有位和善的老人佇立著，這位和善的老人是聖安德。聖人告訴這位祈求子嗣、榮顯家族的夫人說：

「妳的子女將不會如同妳所祈求的……。」

由於這個顯示，多爾美斯的奧爾巴修院因而誕生。可是這位虔誠的守護者，轉而成為刻薄的母親，惡待聖衣會的修女。

會母柔順地責備她說：

「沒有一個院長能長久留在妳的手下，她們都會離妳而去。妳應該深思熟慮，這修院原屬於妳，而居住其內的人滿心焦慮，不能事奉天主。這一切只出於幼稚的無知。啊！夫人哪！那真正接受聖神引導的地方是多麼不一樣。」

雷氏夫人完全被說服了。德蘭姆姆無論行到何處，總是重整秩序，導入和平。

＊ 雷氏夫人的故事詳見《聖女大德蘭的建院記》第二十章。

兩三天後，撒拉曼加聖衣會院院長神父前來奧爾巴，與她商討「那棘手的陰謀事件」，即撒拉曼加修女們購置會院的不幸事故。降孕的安納修女是會母的表妹，首批赤足加爾默羅會修女之一，她不顧會母的勸阻，購買了那棟房子，她實在是過分貪愛那房子。

院長神父保護這位犯錯的修女說：

「她如果犯了錯是出於不得已，十二年來從一個小屋搬到另一個小屋；」他又繼續說：

「畢竟，現在木已成舟，契約簽妥，定金已付。反對爭論那已成定局的事又有何用？願可敬的您寬恕您的女兒，安慰她吧！如今您已使她悲痛愁苦不堪。」

會母提出抗議說：

「已成定局的事實？我的兒子，不會是個已成定局的事實，絕對不會。撒拉曼加的修女絕不會踏進這所房子，因為那不是天主的旨意，原因是這座房子不適合她們。」

對她而言，天主的旨意就是成全。

這是她為修會打的最後一仗；正如從前一樣，她獲得了勝利。她總是非常愉快地在這些屬於天主的會院中，慎思熟慮她所知道的每一件事，投身其中，她甚至還要成為一個討價還價的人。然而看到事情正確合宜地發展，不也是必須的嗎？

恰如她所預言的，撒拉曼加的事化為泡影。

處理這些事情期間，她心中總念念不忘亞味拉聖若瑟小隱院的貧窮處境，她向小德蘭和安納修女傾吐她的憂心掛慮：

「這些可憐的孩子，要到那裡尋獲金錢好購買糧食呢？」

因為會母所在之處，修女們不僅有天主的平安，也有好食糧。她甚至對安納修女說：

「女兒，請妳做點令我欣慰的事吧！只要妳們一見我病勢稍有起色，就快快僱一輛車，把我放在車上，不管怎樣，能上車就好了，我們三人一起回亞味拉。」

並非會母貪戀家鄉故土，超過其他的世物，而是為了提防方濟的陰謀詭計，重要的是，小德蘭要儘可能地快領會衣。

現在到了九月末，耶穌德蘭姆姆開始吐血，有時舌頭似乎是癱瘓的。九月廿九日，彌撒之後，領了聖體，會母因流血而被抬回她的床鋪上。醫師發覺她的斗室太冷，因此把她遷到比較暖和的房間。這是個臨時的小小斗室，前面是走廊，有扇窗子面對中庭。

事前一天，有位修女突然看見一道亮光，比水晶還要潔白明亮；發生這事後，再沒有人懷疑，會母必會在這裡去世。

她自己比任何人更明白這事。早在一五七七年，在撒拉曼加時，她已告訴了那位吩咐她休息的醫生：「我還要活四年，如此費心勞神的照料是徒勞無益的……」她一直等待這時候的來臨，總是平安地等待著，工作著。

以前她曾害怕過死亡，現在她的整個心靈熱愛著天主，「今世彷彿一個人被賣到異鄉」，她行了許多的苦工，死而不能死，因為若非死亡，何處能覓得真生命？在操勞之中，她所找到的是現世的生命。

會母創立了第一座隱修院之後，在那可愛的若瑟修院中，當她對祈禱和獨居的渴望得到完全的滿足，被提拔到愛的高峰時，她祈求上主，或是帶領她到基督那裡，或是教導她事奉祂的方法。

於是主基督命令會母創立隱修院，以及男修會，改革當時的修會生活，使工作充滿最高的德行，消除所有的社會階級差異，大家同是兄弟姊妹，同樣地彼此相愛，使天主的法律超乎人的觀點之上。最後是貧窮，超脫一切世物，尤其是超脫她自己。一個卑微軟弱無能的女子，在那時代，女人並不享有威信，更缺乏錢財的來源。她必須支持、組織和管理這些奉獻給聖母的會院，且要供養並治理數百位屬下。她的理想遠大，且又細心無微不至，她彷彿是個富有者、野心家與妄想家。她深知祈禱並非「把自己關起來」。「天主要的是實際的行動與工作！如果你遇見一位你能安慰的病人，不要遲疑獻出你的犧牲，照顧他，你該與他的痛苦有相同的感受；如果必須的話，守齋，為他賺得食物，那才是真正的與主結合。」

自從那時起，對耶穌德蘭姆姆而言，神性之愛不再只是一件死亡而不永遠死亡的事情，而是徹悟、受苦、捨棄與服務。

直到她完成天父的工作。如今已到了最末的一刻，她要回到父那裡去了。死亡對她而言是極其單純的事，如同對小孩子一般。

但這只是對她而已，正如一國君王，當他的王子誕生時，不會沒有證人，這位生前已被視為聖女的天主兒女，她的逝世也不能沒有現場的證人。在耶穌德蘭姆姆的斗室中有許多人陪伴著。這間斗室與多爾美斯的奧爾巴修院中的所有斗室沒有兩樣，而且與所有加爾默羅會隱院的斗室相同：白色的粉牆上，懸掛著粗木十字架，棕色的床罩，配以白床單，透過窗戶，可以看見卡斯提亞的藍天。

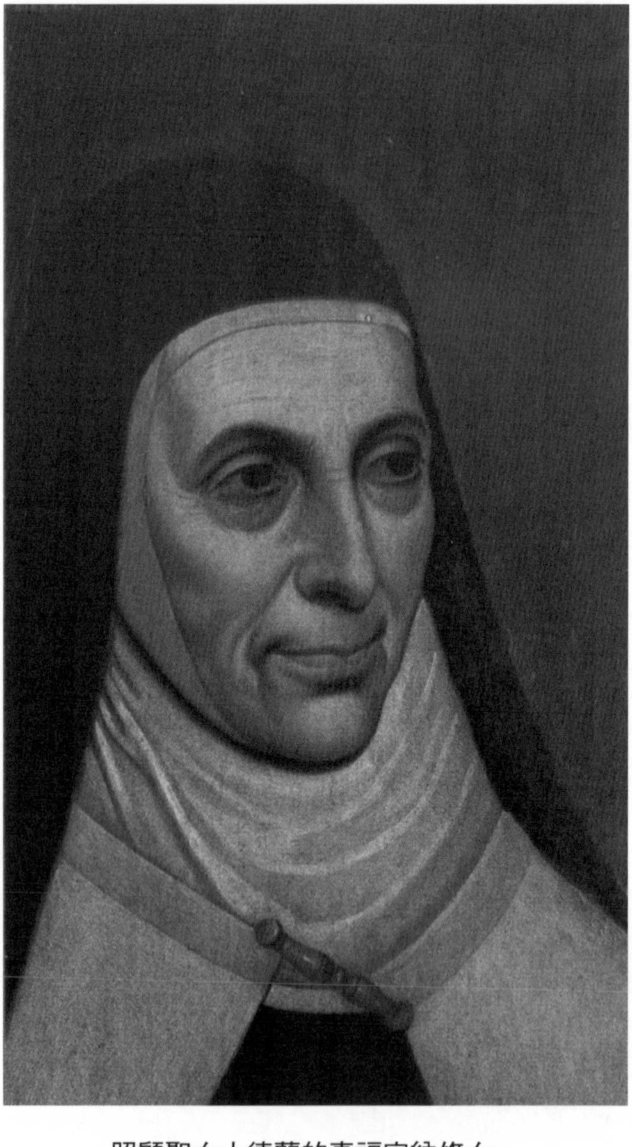

照顧聖女大德蘭的真福安納修女。

始孕加琳和若翰加琳，幫助安納修女照顧這位垂危的病人。由於會母的忍耐、受苦和憂心自己加給她們麻煩，她的德行使她們讚美天主。瑪利亞伯爵夫人來探望她；德蘭姆姆表示歉意，惟恐無意間潑溢出來的藥水味道會惹她厭惡。然而，不但沒有藥水味，屋子裡滿是奇妙的香味；德蘭姆姆所觸及的每樣東西都充滿這香味。

小德蘭留守她身旁，此外，還有雷氏夫人、耶穌安道神父、修院院長聖神若安姆姆、聖方濟的瑪利亞修女。在撒拉曼加，當耶穌麗沙修女的甜蜜歌曲使會母出神時，就是這位瑪利亞修女把會母擁在懷裡。聖安德的德蘭修女也在場，她經常身穿苦衣，臂圈鐵環，可是她謙虛至極，使她的嚴厲克苦顯得美麗和隱藏，有一天會母親吻了她，稱呼她為「光榮的補贖者」。

「當妳臨終時，我會來帶領妳。」會母這樣告訴她，以感激她來此病房協助她。

在斗室的一角，可以看到耶穌．瑪麗安納修女的滿面愁容，她是安東尼的女兒，德蘭姆姆經常叫她「我的小無賴」，現在改稱她為「小天使」，因為這位初學生尚未滿十五歲。德蘭姆姆猜到她內心的隱憂：因為她沒有入會金，當她的保護人去世後，她能否得到許可在此會院中領授黑紗？會母再次向她保證說：

「孩子！不要憂慮，妳會在此發終身願。」

一切都在很深的靜默中。始孕加琳修女靠近窗戶，很驚訝突然間聽到一群人的聲音，她正想離開房間，阻止喧嘩雜聲，那時她看見一大群聖人聖女穿著光輝的衣服，越過中庭，進入聖女的房間；這一萬個殉道聖人已經來邀請耶穌德蘭，歡迎她進入永恆的婚宴。

十月二日，會母告訴安納修女，她去世的日子近了。她要求領聖體。副省會長安道神父，跪在床邊聽她的告解。此時安道神父請求會母說：「姆姆，祈求我們的主，不要把妳帶走，不要這麼快離開我們……。」

她回答說：「神父，不要作聲！你怎能這樣說？我已經無須再存留於世了。」

現在她的工作已完成，她任憑自己的靈魂充滿愛主之情，和與主結合的渴望。

她給女兒們的勸言簡單扼要：

「我的女兒與諸位夫人，為愛天主，我要求妳們善守會規和會憲。如果妳們嚴格地遵守，妳們列聖品時，無須更多的奇蹟。不要效法我這個壞修女給妳們立的壞表樣，且要寬恕我。」

這豈不是相當於她深愛的那些勸語：愛、謙虛、服從和工作？

她莊嚴清晰地重覆說了許多次：「主啊！我是教會的女兒。」

她的病勢極其沉重，需要有位修女在她床鋪上挪動她的身體。可是，當她看見聖體進來斗室時，她突然間坐了起來，又跪下來；她的面容燃燒著喜樂與愛。

她最後領聖體，使她的口唇吐露出愛的言詞：「我的淨配新郎！我的救主，渴望已久的時刻已經來到。這是我們相會的時候，我心愛的！我的救主！這是我啟程的時候，讓我們走吧！是時候了……。」

當時耶穌．安道神父問她，是否願意讓他們把她的遺體運回亞味拉，微笑浮現於唇邊，這是她傳述許多喜樂讚美和捨棄世物的口唇：「耶穌啊！這是個該問的問題嗎？神父！有什麼東西仍屬我有呢？在這裡她們豈不也可行個愛德，給我一小塊土地嗎？」

整個晚上，她沉浸在神魂超拔的福樂中，她反覆地唸著一段聖詠，由於她常聲明說她不想要任何一位「拉丁」修女，所以她用自己的卡斯提亞語唸著：「我的祭獻就是痛悔的精神，上主，祢不輕視一顆痛悔和謙卑的赤心！」

她反覆停留在「痛悔的赤心」這一句上，彷彿在其中尋到喜樂。

次日黎明時，那天正是聖方濟的瞻禮日，她側身而臥；「通常這姿勢是指瑪麗德蓮」，她的修女們因此能看見她。那來自歲月與疾病的皺紋消失不見，她的臉改變了

聖女大德蘭的心臟，供奉在她逝世的奧爾巴隱修院。

容貌，充滿寧靜與光輝，「看來好似一輪圓滿無缺的明月」。

那些目睹她神魂超拔的人說，她是在天主的臨在中。

她的目光只一次轉回現世；耶穌安道神父正命令安納修女離去吃點東西——因為數天來，這位可憐的修女不吃也不睡。會母憂慮地張開她的眼睛，試著轉動她的頭，好像在尋找什麼人。小德蘭瞭解她的心意，跑去叫這位小白紗修女。當會母看見她進來，她的臉再度恢復平靜。安納修女的手環抱著她。帶著永不再消逝的笑容，她的頭依靠著安納的手臂。

會母由卡斯提亞的農家女扶持著，這樣，她等待著「天主的神鷹」來把她帶到靈心城堡以外的更高境界。她的身體散發奇妙的香味。

她吐出三次非常微弱輕柔的嘆息。

聖會母耶穌德蘭姆姆的面容，在死亡之時仍是如此美麗燦爛，看起來有如「光輝的太陽」。

她選擇以粗衣度生，奧爾巴的伯爵夫人卻以紫金緞遮蓋她的遺體。

聖女大德蘭傳略

聖女大德蘭是赤足加爾默羅聖衣會的創會者，一五一五年三月廿八日生於西班牙亞味拉城。年僅七歲時，已渴望為主殉道，她說服小哥哥一同離家出走，想到非洲去讓伊斯蘭教徒砍頭致命，結果被叔叔追趕回來。雖然天主沒有賜給她幼年殉道的恩寵，但是卻有更充滿愛情的殉道等待著德蘭。

二十歲時，德蘭獻身事主，進入緩規的加爾默羅會修道，在會中度過二十七個年頭。

一五六二年八月廿四日，她在天主的默啟下，創立了第一座改革的加爾默羅隱修院，嚴格遵守原初會規，重整加爾默羅會的隱修精神。一五六八年，會母與聖十字若望會晤後，男修會的整頓也隨之展開。歷經千辛萬苦，她以不屈不撓的毅力，在垂暮的餘年，仍抱病奔波，二十年之間，她創立了十七座女隱修院和十五座男修院。

一五八二年十月四日，聖會母六十七歲時，逝世於奧爾巴修院，臨終時，她反覆說著：「我是教會的女兒！」死後，她的遺體沒有腐爛，至今仍保存在西班牙亞味拉聖若瑟的加爾默羅隱院內，她的心臟則供奉在奧爾巴隱院。

大德蘭年僅七歲時，已渴望為主殉道，
她說服小哥哥一同離家出走，
想到非洲去讓伊斯蘭教徒砍頭致命。

一六一四年，教宗保祿五世宣封她為真福。一六二二年教宗國瑞十五世，宣封她為聖女。一九七〇年，教宗保祿六世欽定她為教會聖師。她是西班牙作家的主保。她的靈修著作對教會有極深遠的影響和貢獻。

奧爾巴加爾默羅聖衣會隱修院，
1582 年聖女大德蘭逝世於此。

聖女大德蘭沒有腐朽的遺體，保存在亞味拉聖若瑟隱修院。

慶祝聖女大德蘭五百年誕辰

新譯加爾默羅靈修經典

星火文化購書專線：02-23757911分機122

聖女大德蘭自傳
Teresa of Avila: The Book of Her Life
聖女大德蘭◎著
加爾默羅聖衣會◎譯

愛的活焰
The Living Flame of Love
聖十字若望◎著
加爾默羅聖衣會◎譯

聖女大德蘭的靈心城堡
The Interior Castle
聖女大德蘭◎著
加爾默羅聖衣會◎譯

聖十字若望・心靈的黑夜
The Night of Soul
聖十字若望◎著
加爾默羅聖衣會◎譯

聖女大德蘭的全德之路
The Way of Perfection
聖女大德蘭◎著
加爾默羅聖衣會◎譯

攀登加爾默羅山
The Ascent of Mt. Carmel
聖十字若望◎著
加爾默羅聖衣會◎譯

走進倫敦諾丁丘的隱修院
Upon This Mountain
瑪麗・麥克瑪修女◎著
加爾默羅聖衣會◎譯

從祈禱到全德之路

The Way of Prayer~A Commentary on St. Teresa's "Way of Perfection"

賈培爾神父◎著

加爾默羅聖衣會◎譯

聖女大德蘭的建院記

St. Teresa of Avila:

The Book of Her Foundations

聖女大德蘭◎著

加爾默羅聖衣會◎譯

聖十字若望的靈歌

Spiritual Canticle

十字若望◎著

加爾默羅聖衣會◎譯

愛的旅途

Journey of Love～

Teresa of Avila's Interior Castle

尤震・麥卡福瑞神父◎著

加爾默羅聖衣會◎譯

祈禱的美麗境界

祈り

奧村一郎神父◎著

加爾默羅聖衣會◎譯

聖女大德蘭的祈禱學校

Orar con santa Teresa de Jesús

方濟各・沙勿略・桑丘・費爾明◎著

韓瑞姝◎譯

愛，永遠不會滿足

St. John of the Cross：

the saint and his teaching

費德立克・路易斯・沙爾華多神父◎著

加爾默羅聖衣會◎譯

歡迎來到加爾默羅會

Welcome to Carmel A Handbook for Aspirants to the Discalced Carmelite Secular Order

麥克・格利芬神父，佩琪・威爾金森◎著

加爾默羅聖衣會◎譯

神祕經驗知識論的兩盞明燈
聖女大德蘭及聖十字若望

關永中◎著

財團法人天主教善牧社會福利基金會
GOOD SHEPHERD SOCIAL WELFARE SERVICES

電子發票捐善牧，發揮愛心好輕鬆

您的愛心發票捐，可以幫助

受暴婦幼　得到安全庇護
未婚媽媽　得到安心照顧
中輟學生　得到教育幫助
遭性侵少女　得到身心保護
棄嬰棄虐兒　得到認養看顧

消費刷電子發票
捐贈條碼
愛心碼：
8835（幫幫善牧）

102年起消費說出
「8835」
（幫幫善牧）
愛心碼

當您消費時，而店家是使用電子發票，您只要告知店家說要將發票捐贈出去，或事先告訴店家你要指定捐贈的社福機構善牧基金會8835，電子發票平台就會自動歸戶這些捐贈發票，並代為對獎及獎金匯款喲！

消費後也能捐贈喔！

如何捐贈紙本發票？

- 投入善牧基金會「集發票募愛心」發票箱
- 集發票請寄至：台北郵政8-310信箱
（劉小姐：02-23815402分機218）

諮詢專線：(02)2381-5402
劃撥帳號：18224011
戶名：天主教善牧基金會

對這一群白衣修女們來說，長年隱身北台灣偏鄉八里；
因著信仰的無私大愛，全心全意地照顧孤苦無依的貧病長者。

她們從不收取長輩們一分一毫、亦從未接受政府分文補助。
四十多年來，全靠向來自台灣社會各界的善心人士勸募，
不定期的捐米、捐衣、捐物資、捐善款，分擔了修女們重要且繁重的工作。

但是長輩們賴以維生的家園的老舊房舍終究不敵它所經歷
無數次地震、風災、與長年的海風侵蝕，
建物多處龜裂漏水、管線老舊危及安全；加上狹窄走道與
空間漸已不符政府老人福利新法的規定。
安老院面臨了必須大幅修繕的重建迫切與捉襟見肘的
沉重負荷：他們正等待著如您一般的天使。

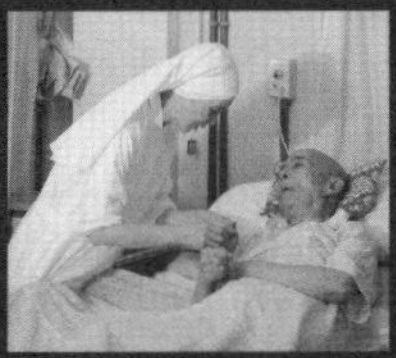

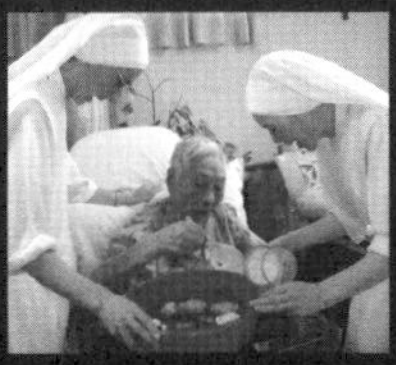

邀請您一同來參與這照顧貧病長輩的神聖工作
讓辛勞了一輩子的孤苦長者們
能有一個遮風避雨安全溫暖的家、安享晚年！

勸募核准字號：內授中社字第1000036891號

台灣天主教安老院
安貧小姊妹會 www.lsptw.org

地址：新北市八里區中山路一段33號
電話：(02)2610-2034 傳真：(02)2610-0773
郵政劃撥帳號：00184341 户名：台灣天主教安老院

國家圖書館出版品預行編目資料

聖女大德蘭的靈修學校／賈培爾神父（Fr. Gabriel of St. Mary Magdalen）著；加爾默羅聖衣會譯. -- 二版, -- 臺北市：星火文化，2024.03
256面；17×23公分. --（加爾默羅靈修；28）
譯自：St. Teresa of Jesus

ISBN 9978-626-97887-1-2（平裝）

1. CST: 德蘭（Teresa, de Cepeda Y de Ahumada, Saint, 1515-1582） 2.CST: 天主教 3.CST: 靈修

244.93 113002218

加爾默羅靈修 028

聖女大德蘭的靈修學校

作　　者／賈培爾神父（Fr. Grabriel of St. Mary of Magdalen）
譯　　者／加爾默羅聖衣會
封面圖素／Shutterstock
執行編輯／陳芳怡、徐仲秋
總 編 輯／徐仲秋

出　　版／星火文化有限公司
　　　　　台北市衡陽路 7 號 8 樓
營運統籌／大是文化有限公司
業務企畫／業務經理林裕安　業務專員馬絜盈
　　　　　行銷企畫徐千晴　美術編輯林彥君
　　　　　讀者服務專線（02）2375-7911　分機 122
　　　　　24 小時讀者服務傳真：（02）2375-6999

法律顧問／永然聯合法律事務所

封面設計／Neko
內頁排版／黃淑華
印　　刷／韋懋實業有限公司

出版日期／2014 年 6 月　初版
　　　　　2024 年 3 月　二版
定　　價／新臺幣 300 元
ISBN 978-626-97887-1-2

Printed in Taiwan
（缺頁或裝訂錯誤的書，請寄回更換）

St. Teresa of Jesus by Fr. Gabriel of St. Mary Magdalen O.C.D.

All Rights Reserved. 本書內頁照片取得授權。
有著作權・翻印必究